校勘標點

社稷署儀軌

校勘標點 社稷署儀軌

吳世玉 金圻彬

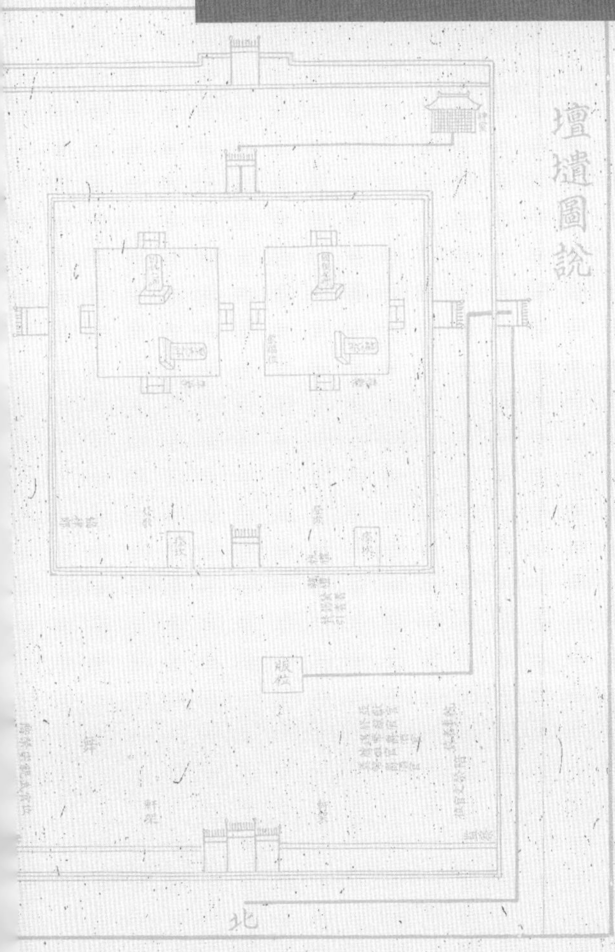

韓國古典飜譯院

凡例

이 책은 1783년(정조 7) 正祖의 命으로 編纂되어 1804년(순조 4) 1차 增補되고 1842년(헌종 8) 2차 增補된 《社稷署儀軌》를 校勘 · 標點한 것이다.

底本

이 책의 底本은 2차 增補本인 韓國學中央研究院 藏書閣 所藏 《社稷署儀軌》(圖書番號 K2-2157)이며, 對校本은 1차 增補本인 서울大學校 奎章閣韓國學研究院 所藏 《社稷署儀軌》(圖書番號 奎14229)이다.

校勘

1. 略字, 俗字 등 異體字는 代表字로 통일하고 校勘記는 달지 않았다. 대표자 판정은 韓國古典飜譯院 이체자 검색시스템을 準據로 하였다. 단, 일부 固有名詞와 慣用語의 이체자는 예외로 하였다.
2. 慣行的인 筆記習慣에 의해 발생한 誤字는 本文을 고치고 校勘記는 달지 않았다.
3. 底本의 오류가 명백한 경우 本文을 고치고 校勘記에 그 근거나 사유를 밝혔다.
4. 底本의 오류가 의심되지만 명백한 근거나 사유를 찾을 수 없는 경우 校勘記에 그 내용을 언급하였다.
5. 底本과 對校本, 校勘資料 간에 글자의 차이는 있지만 어느 쪽이 옳은지 확정할 수 없는 경우 校勘記에 그 내용을 밝혔다.

標點

이 책에 사용된 標點符號는 다음과 같다.

。	敍述文 및 語調가 약한 命令文의 끝에 쓴다.
?	疑問文의 끝에 쓴다.
!	感歎文 및 語調가 강한 命令文 등의 끝에 쓴다.
,	한 文章 안에서 句의 區分이 필요한 곳에 쓴다.
、	竝列된 名詞 또는 名詞句 사이에 쓴다.
·	名詞의 竝列이 重層的인 경우, 모점(、) 안에서 竝列語를 구분하는 데 쓴다. 書名符號 안에서 書名과 篇名 등을 구분하는 데 쓴다.
;	두 句 이상으로 구성된 각 節이 竝列을 이룰 때 그 사이에 쓴다.
:	뒤에 나올 내용을 提示하는 말의 뒤에 쓴다.
【 】	小註나 缺字 · 缺文을 나타내는 데 쓴다.
〔 〕	補充한 글자를 나타내는 데 쓴다.
《 》	書名, 篇名 등을 나타내는 데 쓴다.
___	人名, 地名 등 固有名詞를 나타내는 데 쓴다.
爲尼	吏讀 토씨를 나타내는 데 쓴다.
" " ' ' 「 」『 』	각각 1차, 2차, 3차, 4차 인용문에 쓴다.

其他

1. 目次는 底本의 目錄과 관계없이 별도로 整理·收錄하였다.
2. 本文에 제시된 題目을 그대로 싣는 것을 원칙으로 하되, 題目이 없거나 題目으로 부적합할 때에는 적절하게 작성하고 〔 〕로 표시하였다.

校勘參考資料

1. 基礎資料

- 承政院日記: 承政院 編, 奎章閣 所藏本(圖書番號 奎12788-v.1~3045).
- 朝鮮王朝實錄: 春秋館 編, 國史編纂委員會 影印本, 1968~1970.

2. 一般資料

經部

- 毛詩正義: 十三經註疏整理本 4~6, 北京大學出版社, 2000.
- 三禮圖集注: 聶崇義(宋) 撰, 影印 文淵閣四庫全書 129, 臺灣商務印書館, 1986.
- 尙書正義: 十三經註疏整理本 2~3, 北京大學出版社, 2000.
- 樂書: 陳暘(宋) 撰, 1876年刊, 國立國樂院 所藏本, 韓國音樂學資料叢書 8~10, 1982.
- 禮記正義: 十三經註疏整理本 12~15, 北京大學出版社, 2000.
- 禮書: 陳祥道(宋) 撰, 影印 文淵閣四庫全書 129, 臺灣商務印書館, 1986.
- 儀禮注疏: 十三經註疏整理本 10~11, 北京大學出版社, 2000.
- 爾雅注疏: 十三經註疏整理本 24, 北京大學出版社, 2000.
- 周禮注疏: 十三經註疏整理本 7~9, 北京大學出版社, 2000.
- 周易正義: 十三經註疏整理本 1, 北京大學出版社, 2000.
- 纂圖互註周禮: 1648年刊, 國立中央圖書館 所藏本(圖書番號 b11234-22).
- 春秋公羊傳注疏: 十三經註疏整理本 20~21, 北京大學出版社, 2000.
- 春秋左傳正義: 十三經註疏整理本 17~19, 北京大學出版社, 2000.

史部

- 國朝寶鑑: 純宗 命編, 1909年刊, 奎章閣 所藏本, 民族文化推進會 (국역)국조보감 附錄 影印本, 1996~1997.
- 國朝續五禮儀: 英祖 命編, 法制處 (국역)국조오례의 附錄 影印本, 1981.
- 國朝五禮儀: 申叔舟等 受命編, 法制處 (국역)국조오례의 附錄 影印本, 1981.
- 宮園儀: 李福源 受命編, 1785年重刊, 藏書閣 所藏本(圖書番號 B13FB 13).
- 寄齋史草: 朴東亮 著, 民族文化推進會 (국역)대동야승 13 附錄 組版本, 1974.
- 大明集禮: 徐一夔(明)等 奉勅撰, 影印 文淵閣四庫全書 649~650, 臺灣商務印書館, 1986.
- 文獻通考: 馬端臨(元) 撰, 影印 文淵閣四庫全書 610~616, 臺灣商務印書館, 1986.
- 社稷署謄錄 1·2: 社稷署 編, 藏書閣 所藏本(圖書番號 K2-2151~2156), 韓國學資料叢書 41, 韓國學中央研究院 藏書閣, 2009.
- 紹熙州縣釋奠儀圖: 朱熹(宋) 撰, 影印 文淵閣四庫全書 648, 臺灣商務印書館, 1986.
- 宗廟儀軌: 宗廟署 編, 1706年寫, 奎章閣 所藏本(奎14220), 奎章閣資料叢書 儀軌編 14, 서울大學校 奎章閣, 1997.
- 增補文獻備考: 弘文館 編, 1908年刊, 東國文化社 影印, 1970.
- 春官通考: 柳義養 編, 1788年頃寫, 國立中央圖書館 所藏本, 成均館大學校 大同文化研究院 影印, 1975

子部
- 樂學軌範: 成俔等 撰, 1592年以前刊, 蓬左文庫本, 國立國樂院 韓國音樂學學術叢書 5 신역악학궤범 附錄 影印本, 2000.
- 林下筆記: 李裕元 著, 刊年未詳, 奎章閣 所藏本(圖書番號 奎4916)

集部
- 雙溪遺稿: 李福源 著, 筆寫年未詳, 韓國文集叢刊 237, 民族文化推進會, 1999.
- 列聖御製 4: 李樨·洪錫輔 共編, 1776年刊, 奎章閣 所藏本(圖書番號 奎1803), 奎章閣資料叢書 文學篇 4, 서울大學校 奎章閣, 2002.
- 英祖文集補遺: 英宗大王御製續編(藏4-5655)·英宗大王御製(藏4-5654)·御製(藏4-6905)·御製書示世孫(藏4-6909)·英宗大王御製拾遺(藏4-5657), 韓國學資料叢書 26, 韓國精神文化研究院, 2000.
- 浦渚集: 趙翼 著, 1688年刊, 韓國文集叢刊 85, 民族文化推進會, 1992.
- 鶴谷集: 洪瑞鳳 著, 1706年刊, 韓國文集叢刊 79, 民族文化推進會, 1991.
- 弘齋全書: 正祖 著, 1814年刊, 韓國文集叢刊 262~267, 民族文化推進會, 2001.

目次

卷之一式例

卷之二儀節

命修《社稷署儀軌》傳教[1]

當宁七年癸卯正月初八日，齊宿本署時，傳曰："本署事面，何等莫重？而無可考之文蹟，所謂《謄錄》冊子，亦不過斷爛殘編。以廟署言之，有《儀軌》焉，有《謄錄》焉。本署之汔無此等書蹟，大是欠事。始雖未遑，後何因循？本署祭儀、祭式、壇壝、館舍及其他流來事實，無巨無細，彙分類次，成出一通，名之曰《社稷署儀軌》。藏于本署，繼此續續添錄事，分付。"

1 底本에는 본문의 맨 앞에 "正廟朝" 3자가 頭註로 달려 있음.

社稷署儀軌

卷首圖說

社稷署全圖

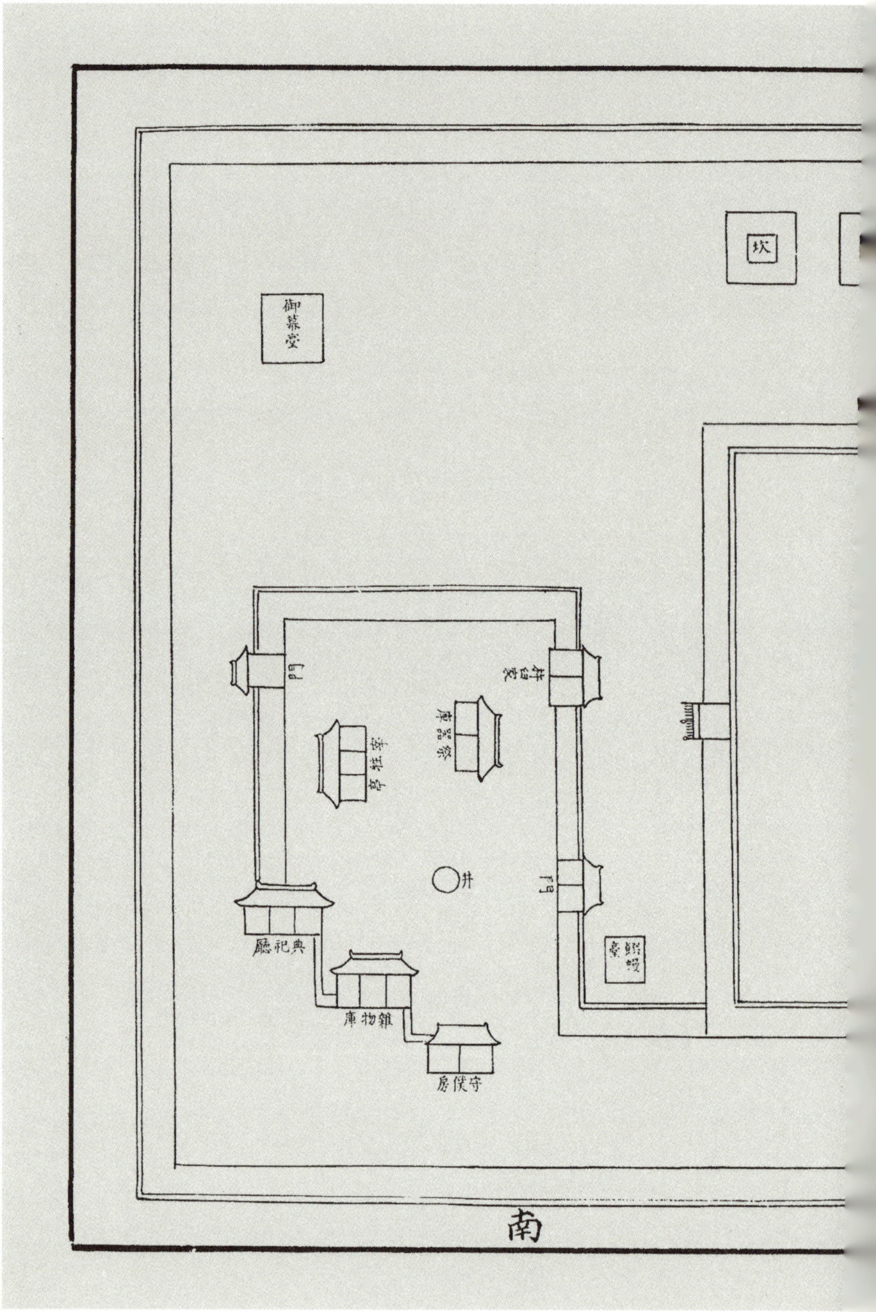

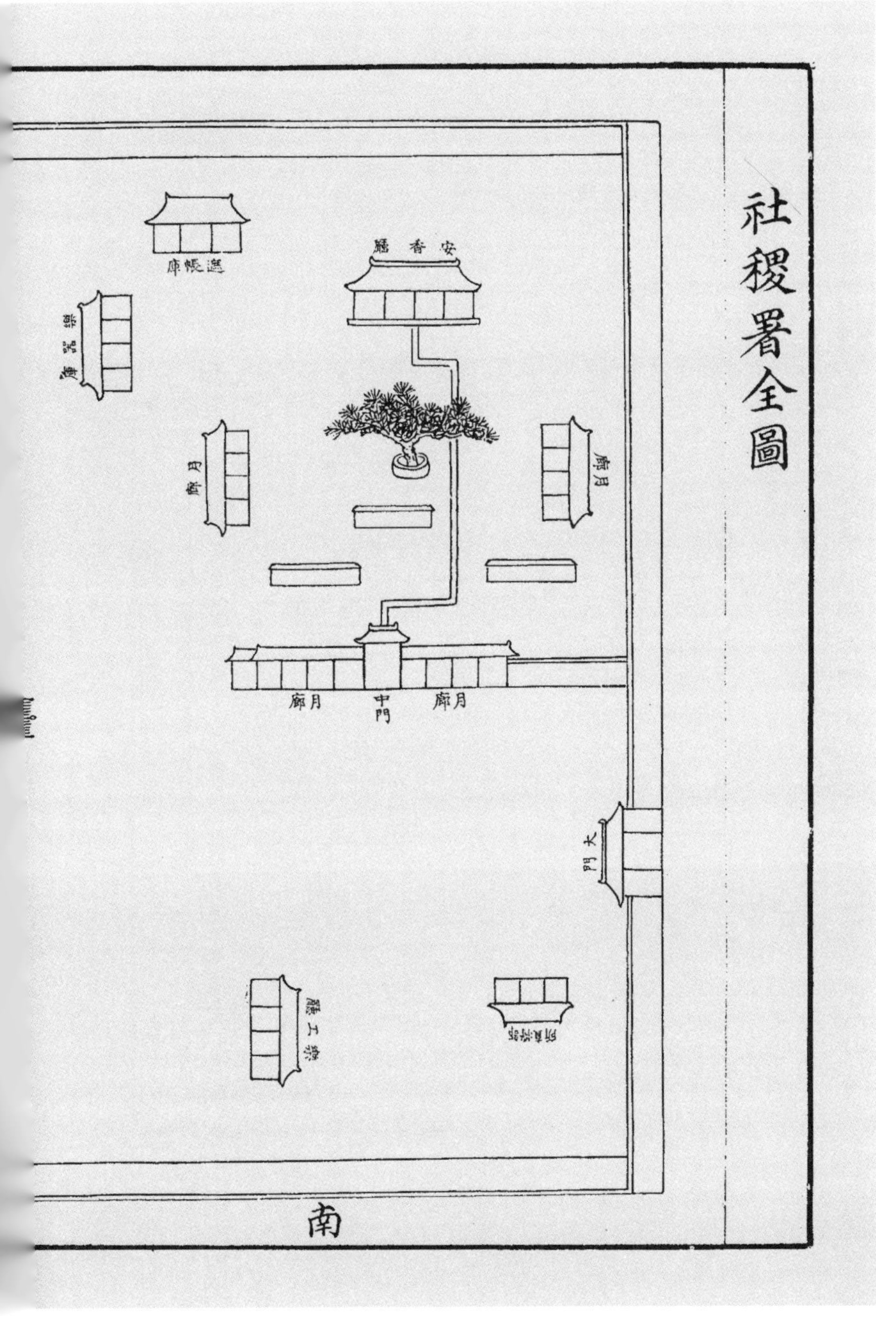

内部名稱

大門
部將直所
樂工廳
中門
月廊
月廊
月廊
月廊
安香廳
遮帳庫
樂器庫
壇壝墻內
饌幔臺
門
杵臼家
祭器庫
宰牲亭
井
守僕房
雜物庫
典祀廳
門
御幕臺
坎
坎

壇壝圖說

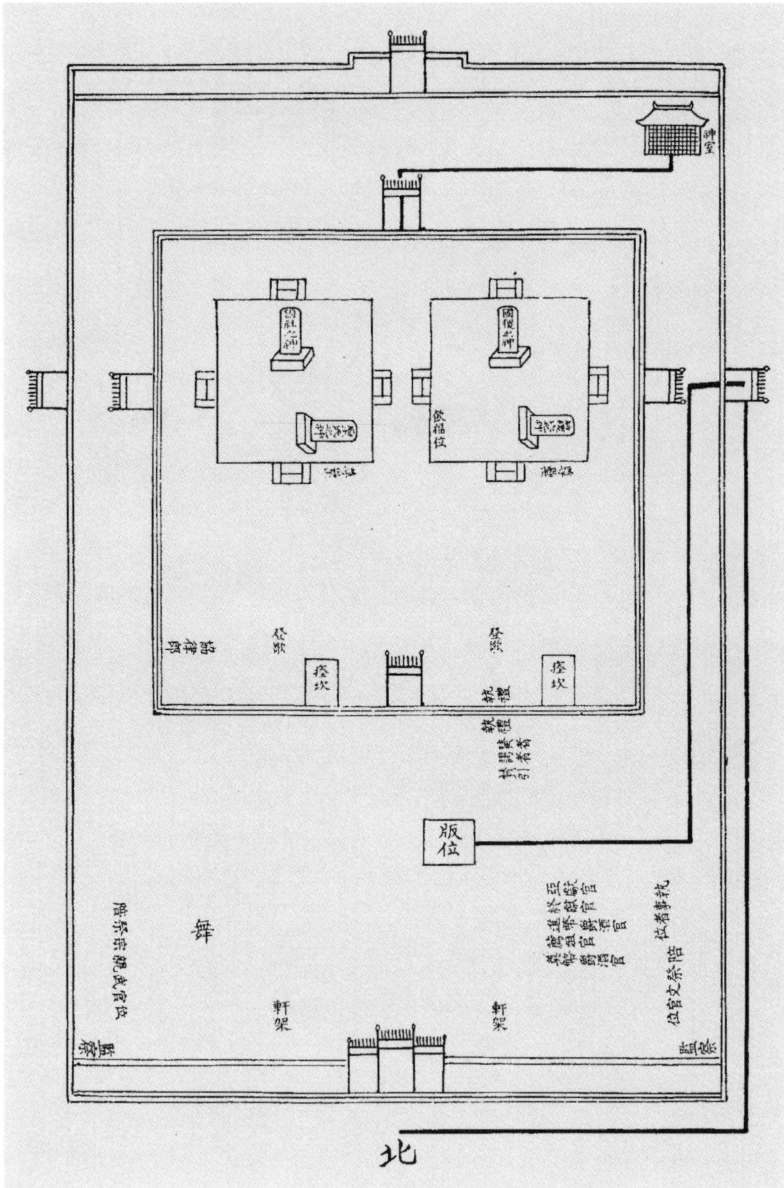

内部名稱

神室
國社之神
后土氏之神
尊罍
國稷之神
后稷氏之神
飮福位
尊罍
登歌
登歌
協律郎
瘞坎
執禮
瘞坎
執禮
贊者
謁者
贊引
版位
亞獻官
終獻官
進幣爵酒官
薦俎官
奠幣爵酒官
執事者位
陪祭文官位
軒架
監察
舞
陪祭宗親武官位
軒架
監察

《五禮儀》云：“社稷【社，土神；稷，穀神。】壇在都城內西，【《文獻備考》云：“西部仁達坊。”】社在東，稷在西。兩壇，各方二丈五尺，高三尺。四出陛，各三級。壇飾隨方色，燾以黃土。社有石主，長二尺五寸，方一尺。剡其上，培其下半，當壇南陛之上。四門同一壝，方二十五步，【以丈計之，六尺爲步，則十五丈也。尺用營造尺。】繚以周垣。國社、國稷神座竝在南北向。后土氏配國社，后稷氏配國稷。各在正位之左，近北東向。”

大享正、配位饌實圖說

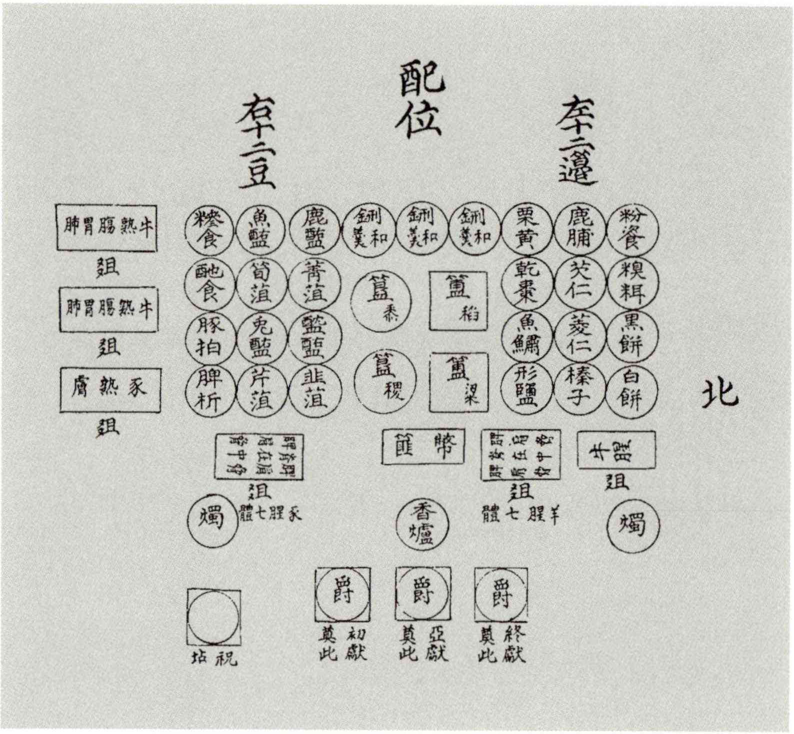

《五禮儀》云："每位，籩十二在左爲三行，右上。【第一行，形鹽在前，魚鱐、乾棗、栗黃次之。第二行，榛子在前，菱仁、芡仁、鹿脯次之。第三行，白餠在前，黑餠、糗粈、粉餈次之。】豆十二在右爲三行，左上。【第一行，韭菹在前，醓醢、菁菹、鹿醢次之。第二行，芹菹在前，兎醢、筍菹、魚醢次之。第三行，脾析在前，豚拍、酏食、糝食次之。】俎三：二在籩前，一在豆前。【籩前俎，一實牛腥，一實羊腥。七體，兩髀、兩肩、兩脅幷脊，而髀在兩端，肩、脅

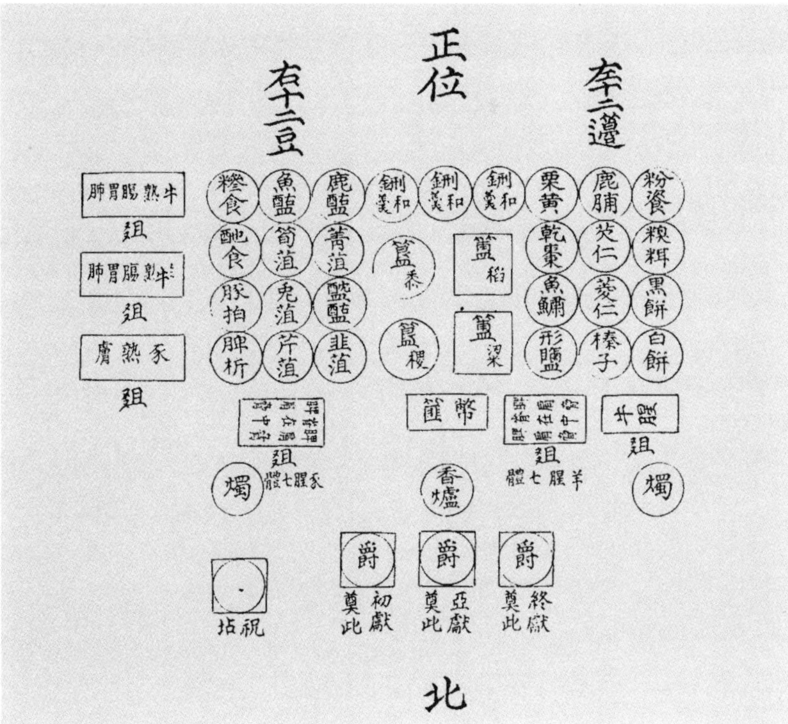

次之，脊在中。豆前俎，實豕腥。七體，其載如羊。】豆右之俎三。【一實牛熟腸、胃、肺，一實羊熟腸、胃、肺，一實豕熟膚。豕在前，羊、牛次之。凡俎皆有牲匣。】簠、簋各二在籩、豆間。簠在左，簋在右。【簠實以稻、粱，粱在稻前。簋實以黍、稷，稷在黍前。】鉶三在簠、簋後。【實以和羹，加芼滑。】爵三在簠、簋前。【各有坫。】”

大享正、配位尊罍圖說

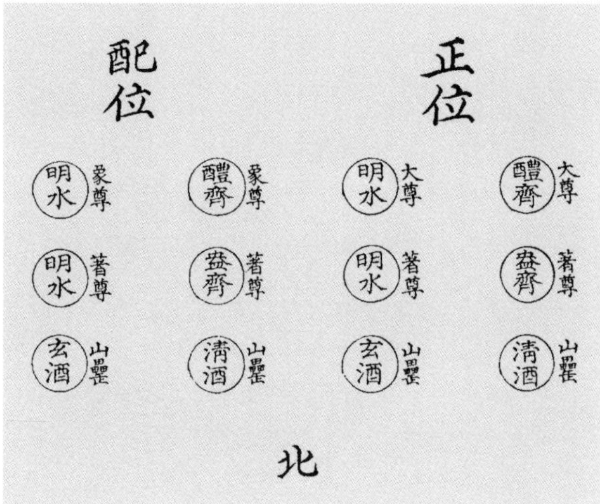

《五禮儀》云："國社、國稷各大尊二,【一實明水，一實醴齊。】著尊二,【一實明水，一實盎齊。】山罍二,【一實玄酒，一實清酒。】爲三行。【第一行大尊，第二行著尊，第三行山罍。】皆加勺、冪在各壇上【今壇上窄狹，在下。】西北隅。后土氏、后稷氏各象尊二,【一實明水，一實醴齊。】著尊二,【一實明水，一實盎齊。】山罍二,【一實玄酒，一實清酒。】爲三行。【第一行象尊，第二行著尊，第三行山罍。】皆加勺、冪，各在正位尊、罍之西，俱南向東上。【凡尊、罍實明水、玄酒爲上。】"

祈告別祭正、配位饌實圖說

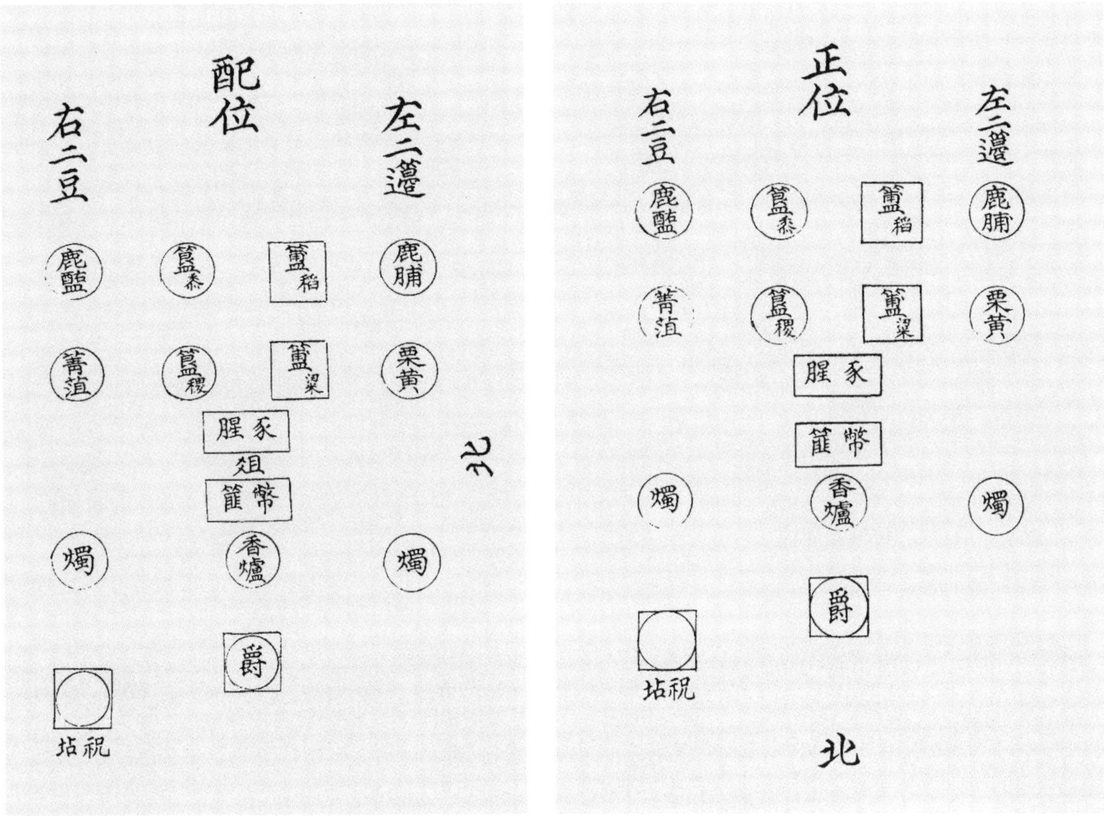

《五禮儀》云："每位，左二籩,【栗黃在前，鹿脯次之。】右二豆,【菁菹在前，鹿醢次之。】簠、簋各二在籩、豆間，簠在左，簋在右。【簠實以稻、粱，粱在稻前。簋實以黍、稷，稷在黍前。】俎一在簠、簋前,【實以豕腥。】爵一在俎前。【有坫。】"

祈告別祭正、配位尊罍圖說

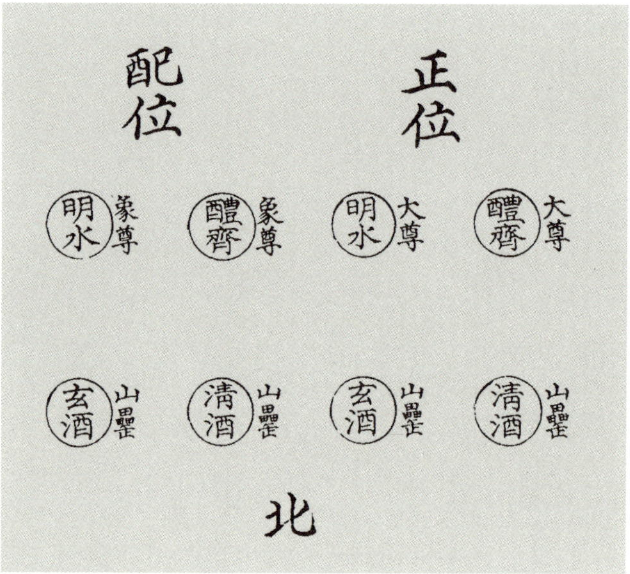

《五禮儀》云:“國社、國稷各大尊二,【一實明水, 一實醴齊。】山罍二,【一實玄酒, 一實清酒。】爲二行。【第一行, 大尊; 第二行, 山罍。】皆加勺、羃在各壇西北隅。后土氏、后稷氏各象尊二,【一實明水, 一實醴齊。】山罍二,【一實玄酒, 一實清酒。】爲二行。【第一行, 象尊; 第二行, 山罍。】皆加勺、羃, 各在正位尊、罍之西, 俱南向東上。”

祭器圖說

籩

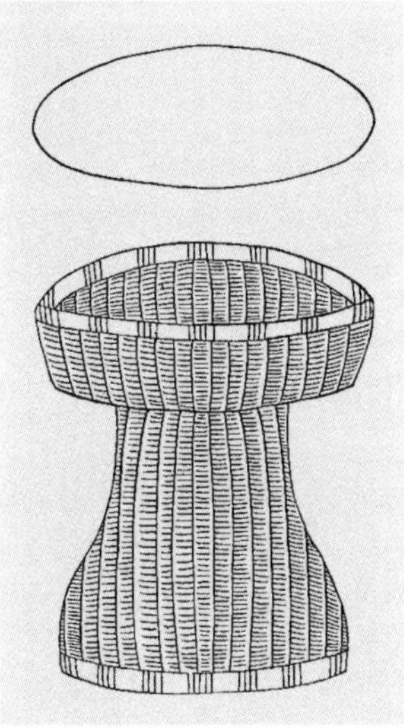

《釋奠儀》云："籩以竹爲之。口徑四寸九分，通足高五寸九分，深一寸四分，足徑五寸一分。巾用綌，玄被纁裏，圜一幅。"

豆

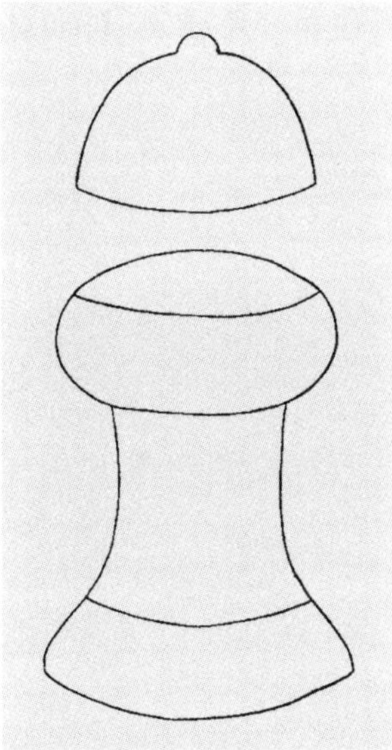

《釋奠儀》云："豆以木爲之。高下、深淺、口徑、足徑，竝依籩制。"

鉶

《禮書》云: "鉶鼎, 所以實羹者; 鉶羹, 所以具五味也。自羹言之, 則曰鉶羹; 自器言之, 則曰鉶鼎。"

簠

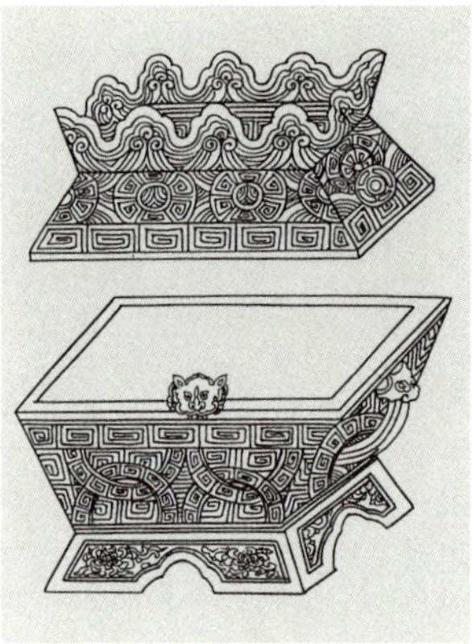

《釋奠儀》云: "簠用銅鑄造。竝蓋重一十三斤二兩, 通蓋高七寸, 深二寸, 闊八寸一分, 腹徑長一尺一分。"【後凡言重者, 皆銅屬。】

簠

《大明集禮》云:“簠以銅爲之。重一十一斤, 通蓋足高七寸三分。口徑長八寸三分, 橫闊六寸八分。【《周禮》註云: 方簠, 圓簋。】”

爵

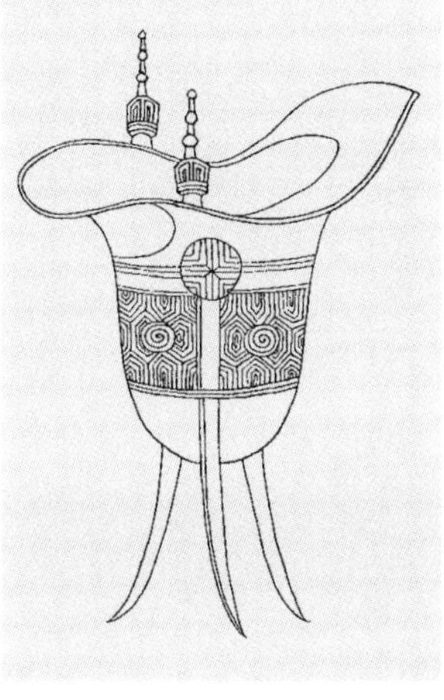

《釋奠儀》云:“爵, 重一斤八兩, 通柱高八寸二分, 深三寸三分。口徑長六寸二分, 闊二寸九分。兩柱三足, 有流有鋬。”

《詩·禮器圖說》云:“上兩柱, 取飮不盡之意。”

爵坫

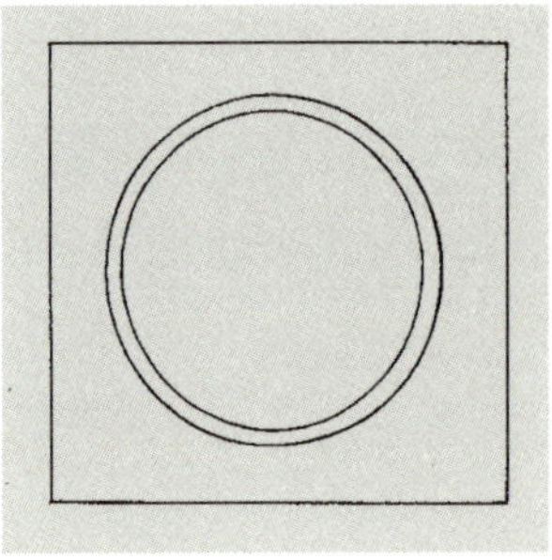

《釋奠儀》云："坫，重二斤九兩，縱、廣〔各〕[1]九寸二分。《三禮圖》謂'坫以致爵，亦以承尊'。今版載祝詞，爵備酌獻，必審所處而置焉，示欽謹祀事之意。有占之義，故謂之坫也。其體四方，措諸地而平正。"

牛鼎

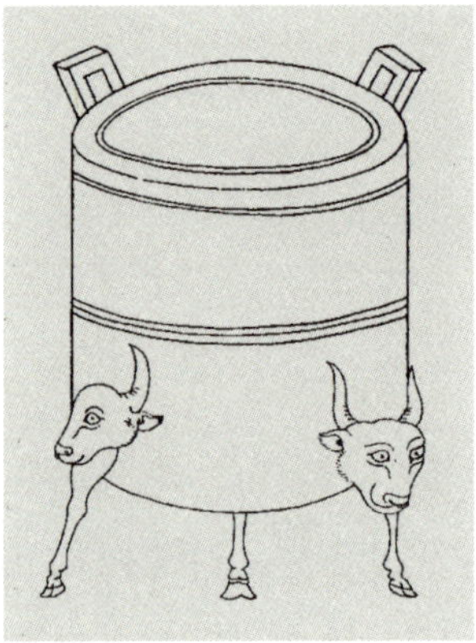

《聖宋頌樂圖》云："牛鼎，口徑、底徑俱一尺三寸，深一尺二寸二分。其容一斛。"○《三禮圖》云："牛鼎，三足如牛，每足上以牛頭飾之。羊、豕二鼎亦如之。"

羊鼎

《聖宋頌樂圖》云："羊鼎受五斗。口徑、底徑俱一尺，深一尺三分。"

1 各 底本에는 없는데, 《釋奠儀》에 근거하여 보충함.

豕鼎

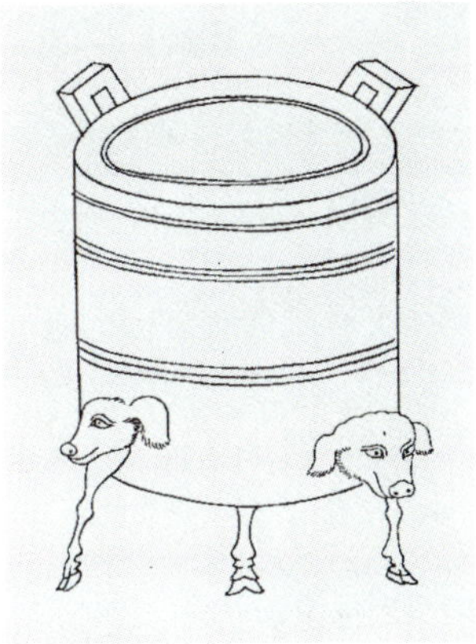

《聖宋頒樂圖》云："豕鼎受三斗。口徑、底徑俱九寸，深七寸六分。"

鼎冪、鼎扃

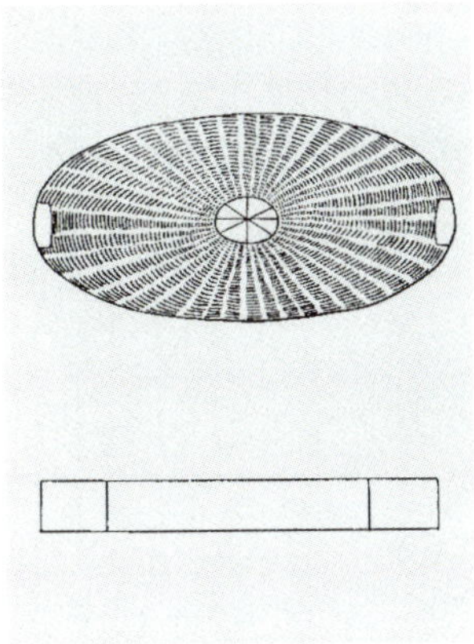

《儀禮》云："冪者，若束若編。"註云："鼎冪以茅爲之。長則束本，短則編其中。令緻密不泄氣也。"鼎扃以擧鼎。牛鼎扃，長三尺。羊鼎扃，長二尺五寸。豕鼎扃，長二尺。飾兩端以玉，各三寸。

鼎匕、鼎畢

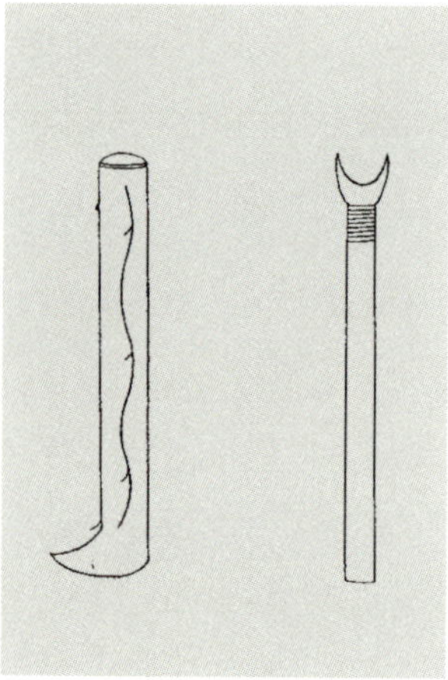

《禮書》云："匕，長三尺，用棘，所以載牲體也。《集禮》云'刻畫雲氣。葉長八寸，博三寸，皆丹漆'。畢，狀如叉，用以擧肉。葉博三寸，中鏤去一寸。柄長二尺四寸。漆柄末及兩葉，皆朱。"

鑾刀

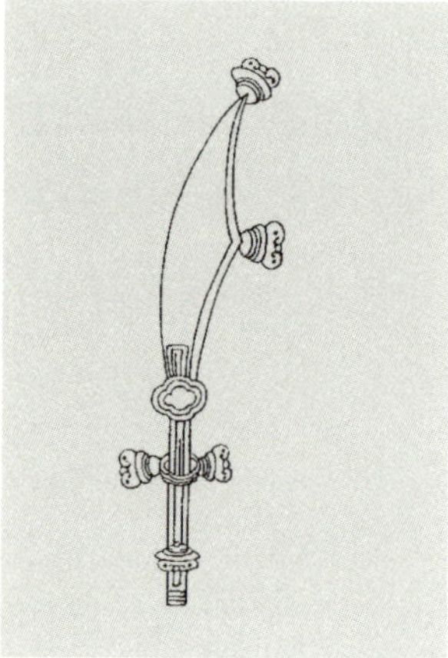

《郊特牲》云："割刀之用，鑾刀之貴，貴其義也。"《公羊傳》註云："鑾刀，割切之刀，鐶有和，鋒有鑾。"宋胡瑗言："鑾鈴在鋒，聲合宮、商，用鈴二；和鈴在鐶，聲合徵、角、羽，用鈴三。"

俎

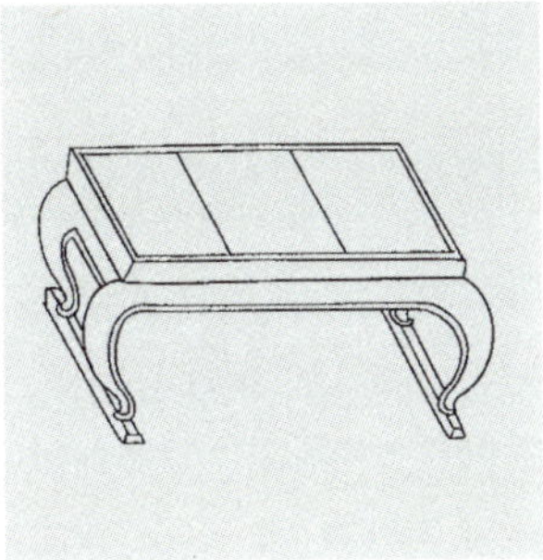

《釋奠儀》云："俎，長一尺八寸，闊八寸，高八寸五分。漆兩端以赤，中以黑。"

著尊

《釋奠儀》云："著尊，重四斤七兩，高八寸四分五釐。口徑四寸三分，腹徑六寸二分，深八寸三分。" ○《禮書》云："著以象陽降而著地，壺以象陰周而藏物。先王所以用嘗、烝也。"

山罍

《禮書》云："山罍，山尊也。刻而畫之，爲山雲之形。夏后氏之尊也。"

象尊

《釋奠儀》云："象尊，重一十斤，通足高六寸八分，口徑一寸八分，耳闊一寸二分，耳長一寸九分，深四寸九分。"○《禮書》云："犧、象，周尊也。牛，大牲，膏薌宜於春。象，大獸，産於南越。此先王所以用祠、禴也。"

大尊

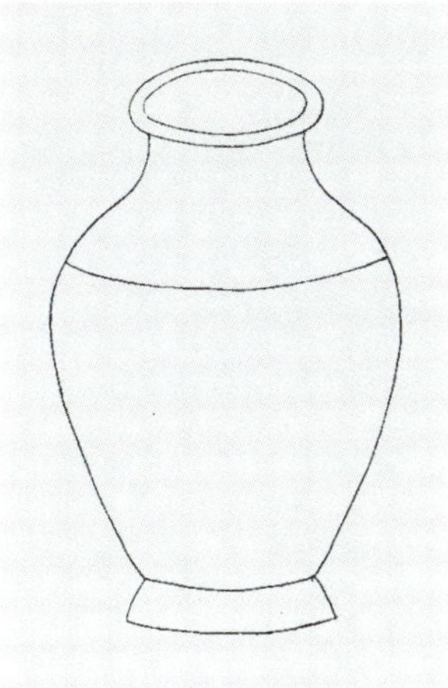

《釋奠儀》云:“大尊，通足高八寸一分，口徑五寸七分，腹徑六寸一分，足徑三寸八分，深六寸五分。”○《周禮圖》云:“追享、朝享、朝踐，用兩大尊，太古尊也。一盛玄酒，一盛醴齊。”○《記》云:“泰，有虞氏之尊也。”

冪

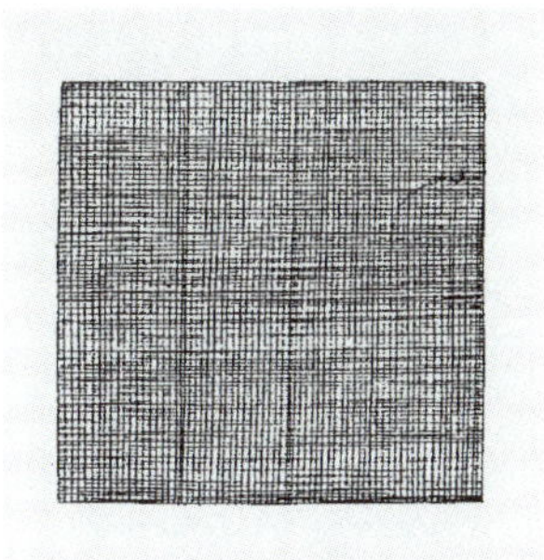

《釋奠儀》云:“《三禮圖》‘布之幅，二尺有二寸而圜之’。今以布一幅，取方爲之。”○《周禮圖》云:“八尊獻天地，故用疏布巾，尙質也。六彝祼宗廟，故用布巾之精者。其畫雲爲文，與特牲冪皆用綌。”

篚

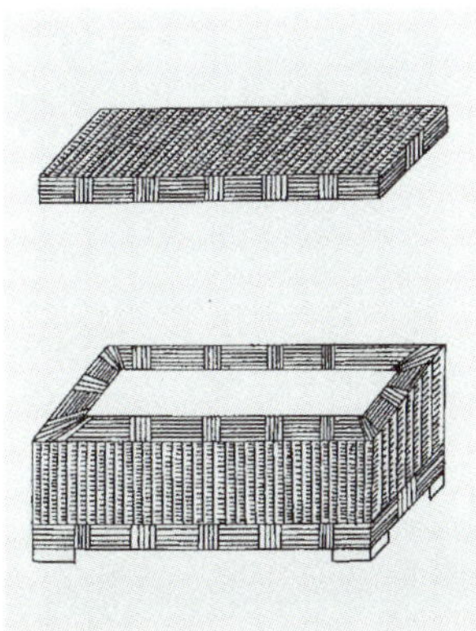

《釋奠儀》云:“篚以竹爲之。通足高五寸，長二尺八分，闊五寸二分，深四寸。蓋深二寸八分。用於薦物，而有節焉者也。”

龍勺

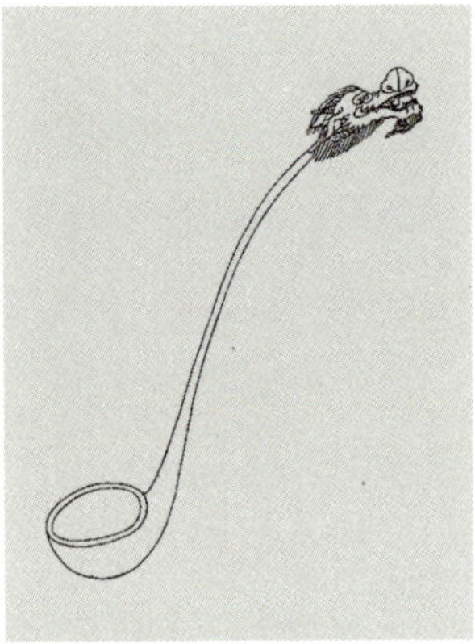

《釋奠儀》云:“龍勺, 重一斤, 口徑闊二寸一分, 長二寸八分, 深一寸一分。柄長一尺二寸九分, 爲龍頭[2]。酌獻、盥洗皆以勺挹之。”

2 **爲龍頭** 《釋奠儀》에는 없음.

釜

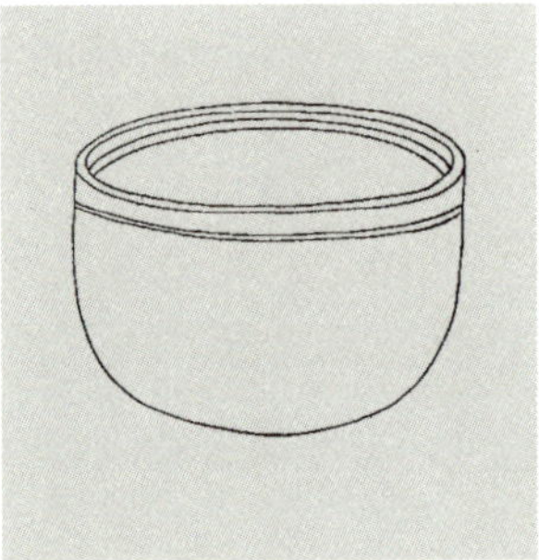

《事林廣記》云:“無足曰釜, 有足曰錡。可用煮蘋、藻以供祭。”

錡

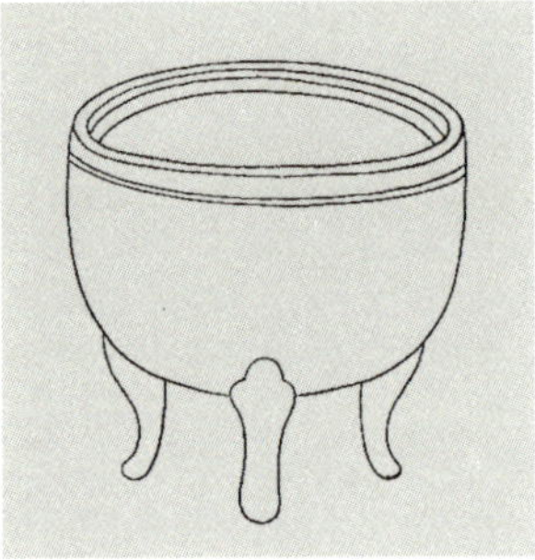

說見上。

卓

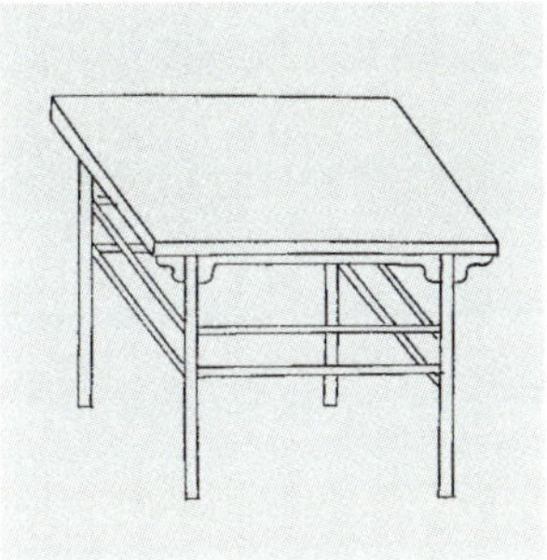

罇所卓，朱漆。

大牲匣、小牲匣蓋、小牲匣

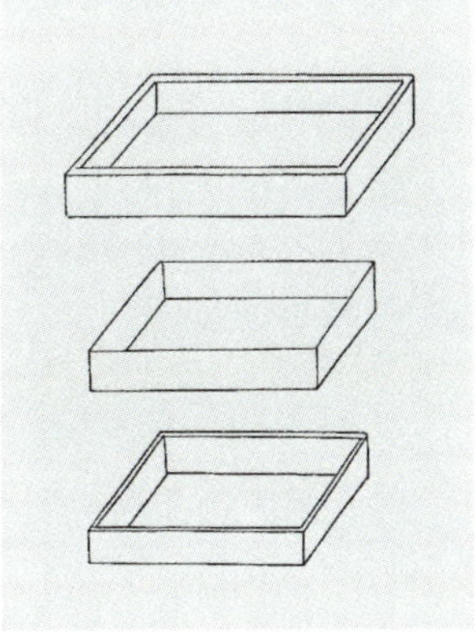

大牲匣以木爲之，長二尺六寸，闊一尺四寸。小牲匣，長一尺四寸，闊一尺五分，有蓋。

香合

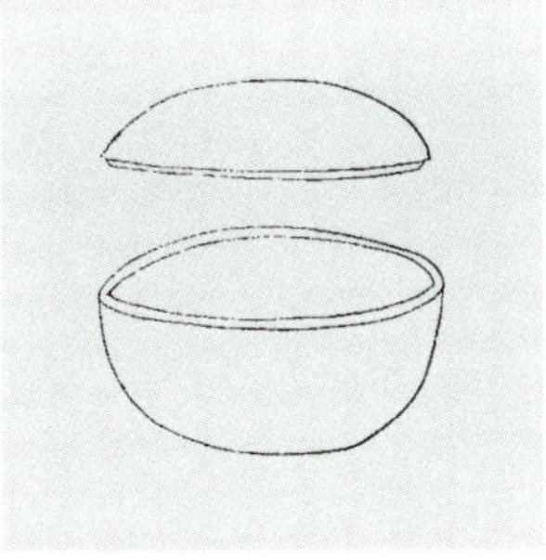

《大明集禮·香合圖說》云："《韻會》曰'合子，盛物器名'。"

香爐

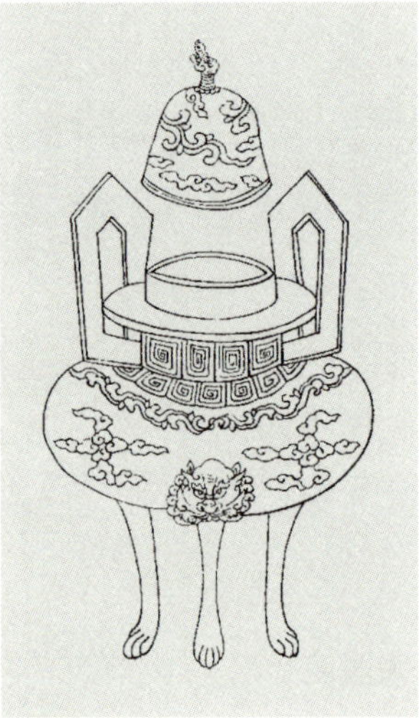

《大明集禮》云:“香爐, 大口細頸, 巨腹三足。”

毛血槃

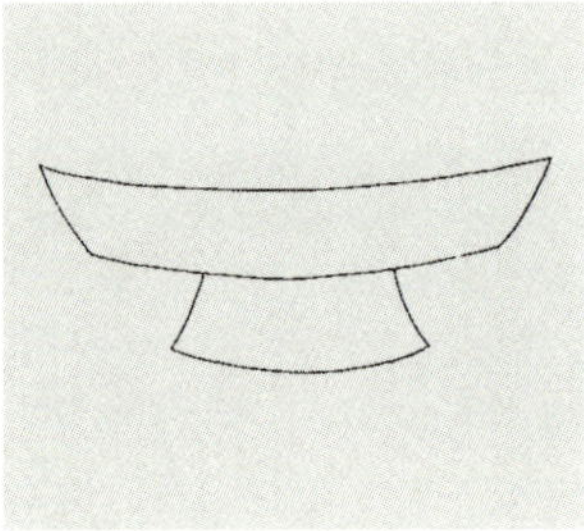

用銅, 承毛血以薦。

洗罍

《釋奠儀》云:“洗罍, 重一十二斤, 通足高一尺, 口徑八寸四分, 深七寸一分, 足口徑七寸九分。” ○《韻會》云:“罍, 盥器。”

洗

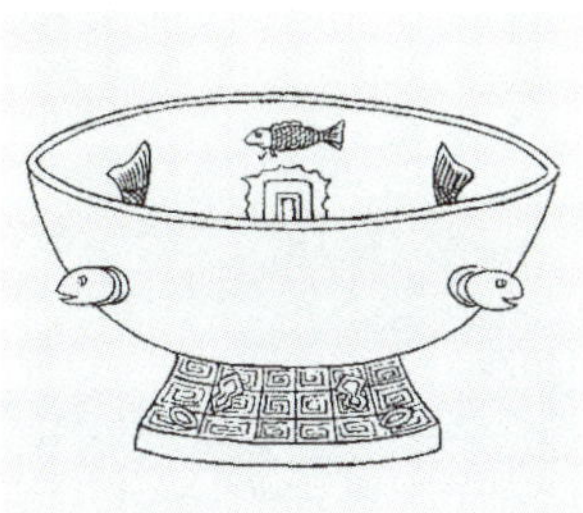

《釋奠儀》云:“洗, 重八斤八兩, 通足高五寸七分, 口徑一尺三寸六分, 深二寸九分, 足口徑八寸九分。”

樂圖說

軒架

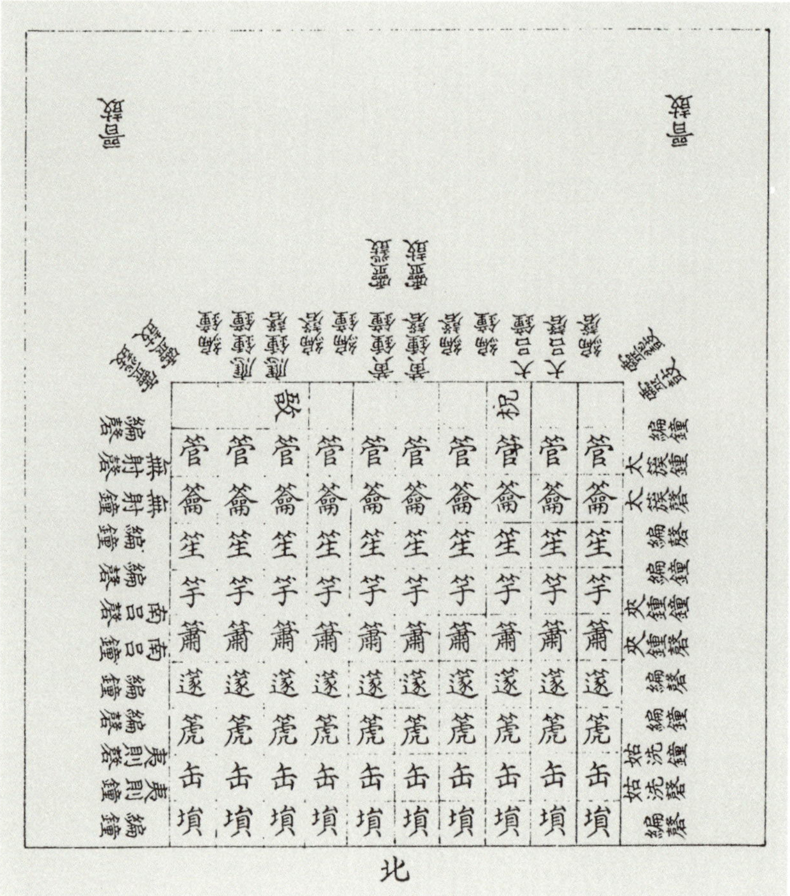

《五禮儀》云:“軒架在壇下,【今北門內。】東、西、南三方, 各設編鍾三堵、編磬三堵。西方編鍾, 起南, 編磬間之, 西向。東方編磬, 起南, 編鍾間之, 東向。南方編磬, 起西, 編鍾間之, 南向。設靈鼓三: 一在南架之南當中, 一在西南隅, 一在東南隅。靈鼗各一, 又在其左。晉鼓二於樂懸之南: 一在東南隅, 一在西南隅。柷、敔於南架內, 柷在西, 敔在東。管十在柷、敔之北, 爲一行。次篴、次笙、次竽、次簫、次篴、次篪、次缶、次塤, 各十各爲一行, 竝分道東、西, 俱南向。【工人, 竝介幘、緋鸞衫、白紬中單、白紬袴、白袜帶、白布襪、烏皮履。後倣此。】” ○《樂學軌範》云: “樂生一百二十一, 迎神、進饌、亞·終獻、送神, 奏之。”

登歌

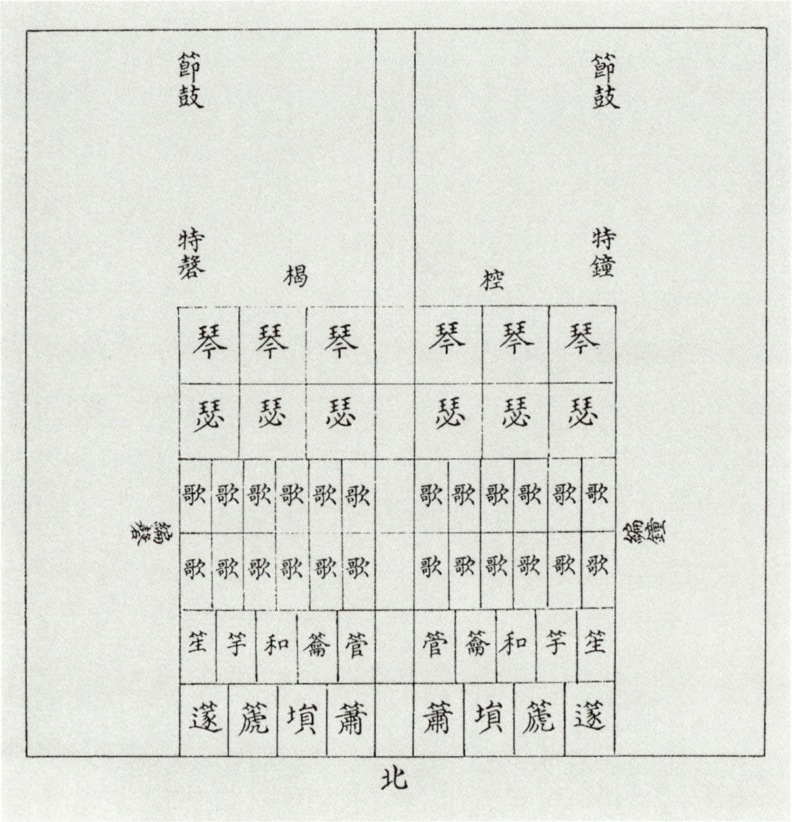
節鼓
節鼓
特磬
特鐘
柷
敔
編磬
編鐘
琴 琴 琴 琴 琴 琴
瑟 瑟 瑟 瑟 瑟 瑟
歌 歌 歌 歌 歌 歌 歌 歌 歌 歌 歌 歌
歌 歌 歌 歌 歌 歌 歌 歌 歌 歌 歌 歌
笙 竽 和 籥 管 管 籥 和 竽 笙
篴 篪 塤 簫 簫 塤 篪 篴
北

《五禮儀》云："登歌在壇上近北。【今壇上窄狹，在北壝門內。】中開御道，分設左右。特鍾在西，特磬在東。節鼓二：一在特鍾之南，一在特磬之南。設柷、敔於鍾、磬之間，柷在西，敔在東，爲一行。次琴六爲一行，次瑟六爲一行，次歌二十四人，分爲二行。編鍾一堵在歌人之西，編磬一堵在歌人之東。次管、簫、和、竽、笙，各二分東、西爲一行，次簫、塤、篪、篴，各二分東、西爲一行，俱南向。【工人，竝介幘、緋鸞衫、白紬中單、白紬袴、金銅革帶、白布襪、烏皮履。樂師，幞頭、緋公服、金銅革帶、緋白大帶、白布襪、烏皮履。後倣此。[3]】" ○《樂學軌範》云："樂生六十二，奠幣、初獻、徹籩豆，奏之。"

3 **工人……後倣此** 底本에는 "工人，竝介幘、緋中單、白紬袴、金鸞衫、白紬布襪、烏皮履. 樂師，幞頭、絳公服、金銅革、銅革帶、白帶、緋白大帶、白布襪、烏皮履. 後倣此." 로 되어 있는데, 《國朝五禮序例·吉禮·雅部樂懸圖說》에 근거하여 수정함.

時用軒架

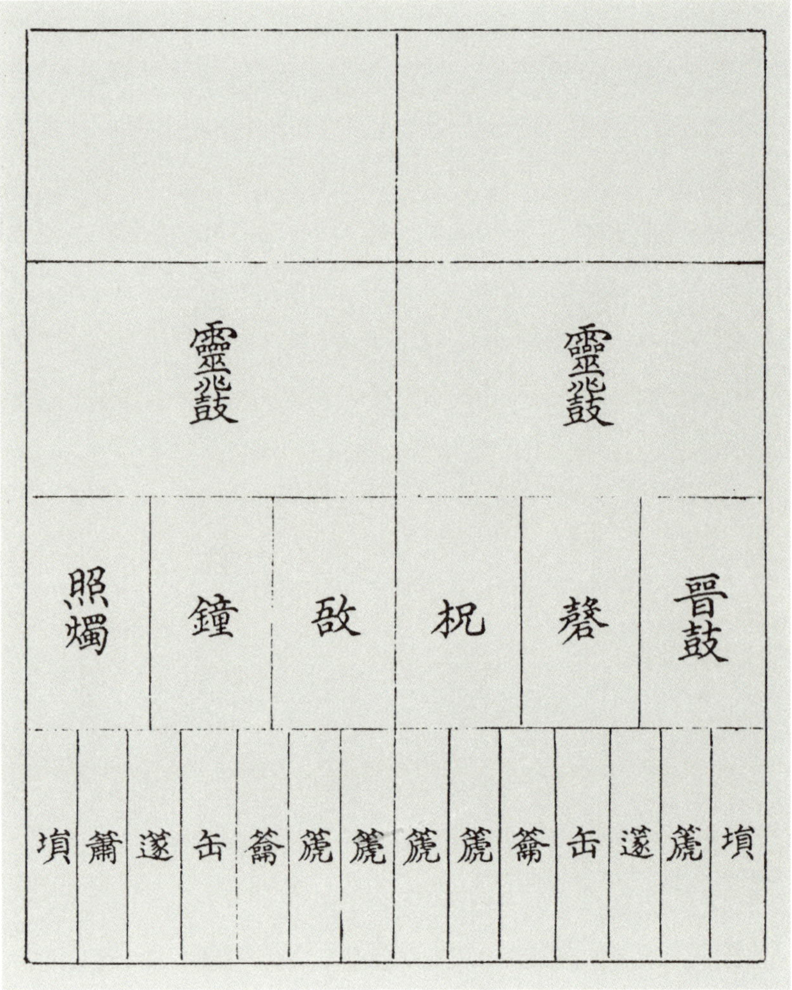

時用登歌

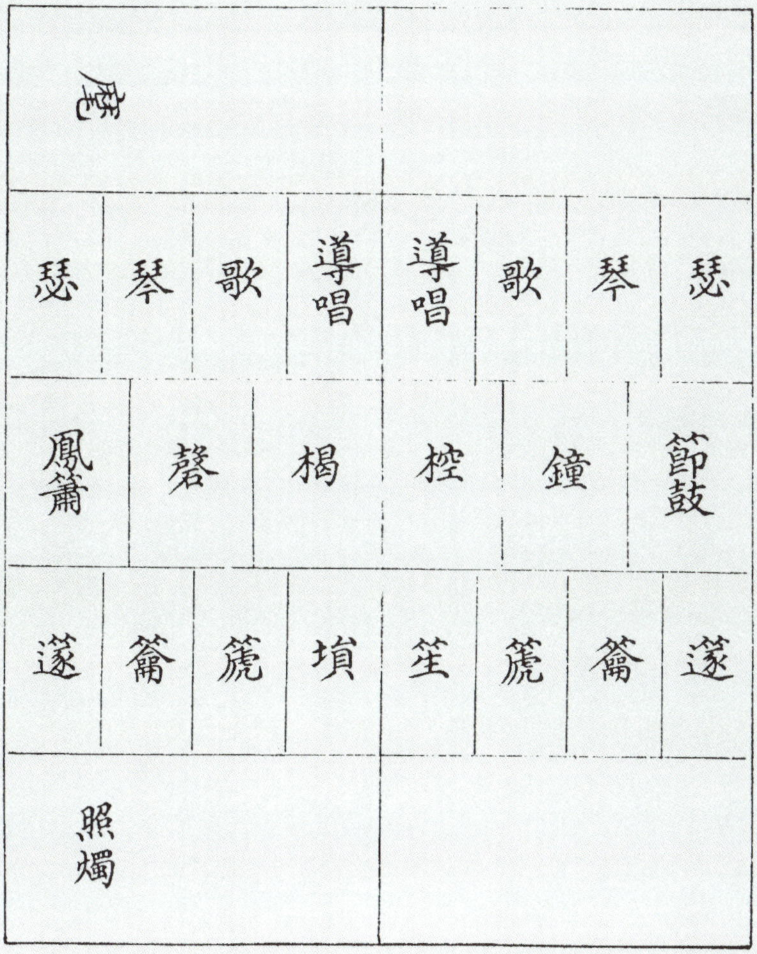

舞圖說

文舞

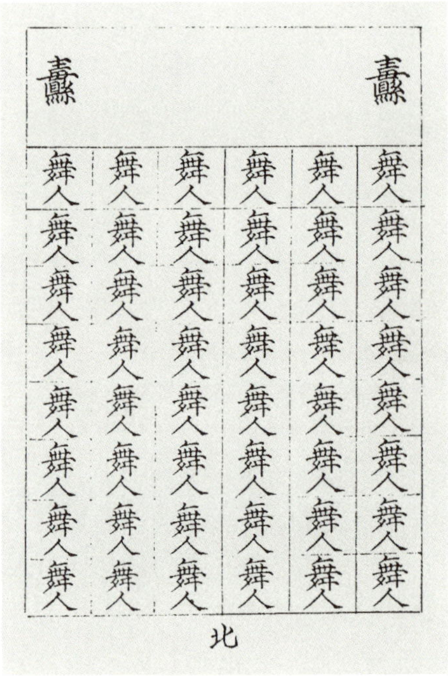

《五禮儀》云: "文舞, 六佾, 在軒架之南。每佾八人,【左執籥, 右執羽。】俱南上。纛二在六佾之南, 引舞。【工人, 竝進賢冠、青鸞衫、白紬中單、白紬裙、金銅革帶、白布襪、烏皮履。後倣此。】" ○《樂學軌範》云: "樂生五十, 迎神、奠幣、初獻, 舞[4]之。"

4 **舞** 底本에는 "奏"로 되어 있는데,《樂學軌範·雅樂陳設圖說》에 근거하여 수정함.

武舞

		旌				旌			
		舞人	舞人	舞人	舞人	舞人	舞人		
應		舞人	舞人	舞人	舞人	舞人	舞人		錞
		舞人	舞人	舞人	舞人	舞人	舞人		
雅		舞人	舞人	舞人	舞人	舞人	舞人		鐲
		舞人	舞人	舞人	舞人	舞人	舞人		
相		舞人	舞人	舞人	舞人	舞人	舞人		鐃
		舞人	舞人	舞人	舞人	舞人	舞人		
牘		舞人	舞人	舞人	舞人	舞人	舞人		鐸

《五禮儀》云: “武舞, 六佾, 在軒架之南。每佾八人,【左執干, 右執戚。】俱南上。旌二在六佾之南, 引舞。【工人, 竝皮弁、緋鸞衫、黃畫甲、豹文大口袴、起梁帶、白布襪、烏皮履。後倣此。】錞、鐲、鐃、鐸各一在舞佾西, 應、雅、相、牘各一在舞佾東。俱南上, 隨舞進退。【工人, 竝武弁、紅抹額、緋鸞衫、白紬中單、白紬袴、白布襪、紅錦臂鞲、金銅革帶、烏皮履。後倣此。】” ○《樂學軌範》云: “樂生五十八, 亞獻、終獻, 舞之。”

時用文舞

舞人	舞人	舞人	舞人	舞人	舞人
舞人	舞人	舞人	舞人	舞人	舞人
舞人	舞人	舞人	舞人	舞人	舞人
舞人	舞人	舞人	舞人	舞人	舞人
舞人	舞人	舞人	舞人	舞人	舞人
舞人	舞人	舞人	舞人	舞人	舞人

時用武舞

旋			旋		
舞人	舞人	舞人	舞人	舞人	舞人
舞人	舞人	舞人	舞人	舞人	舞人
舞人	舞人	舞人	舞人	舞人	舞人
舞人	舞人	舞人	舞人	舞人	舞人
舞人	舞人	舞人	舞人	舞人	舞人
舞人	舞人	舞人	舞人	舞人	舞人

樂器圖說

鍾

《周禮圖》云: "《禮書》'梟氏爲鍾, 鍾體之別五: 銑、于、鼓、鉦、舞, 是也。鍾柄之別二: 甬、衡, 是也。衡上有旋, 旋飾有蟲。介於于、鼓、鉦、舞之間有帶, 布於帶間有枚'。先儒曰'銑, 金之澤者, 淨如洗焉。欒, 如木之欒, 鍾口兩角也。于則銑間之曲袪[5]也。鼓則于上之所擊處。注於攠[6]、隧, 皆云擊處。鉦則鼓舞之正中者, 舞則聲之震動於此者。甬, 出舞上者也。衡, 橫甬上者也。帶類篆, 故曰篆。乳有數, 故曰枚'。"

磬

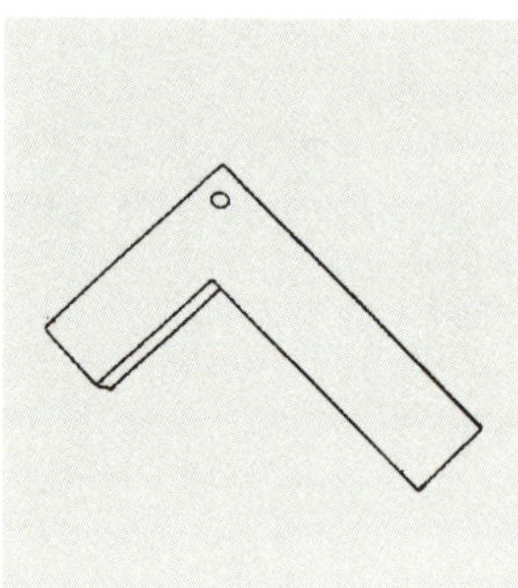

《周禮圖》云: "古者制磬, 形垂下以象天傾西北, 屈而下覆之意。磬氏爲磬, 倨、句一矩有半。先儒云'上曲者爲鉤, 下直者爲倨。句卽股也, 倨卽鼓也。股在上廣而短, 鼓在下狹而長。以長掩短, 則鼓長於股者, 半矩。是倨得一矩有半也。以廣掩狹, 則股廣於鼓者, 亦半矩。是句亦得一矩[7]有半也。廣狹、長短, 務適中焉。然皆厚二寸'。或謂'石性, 堅則雖厚而淸, 緩則雖薄而濁。如天球乃玉磬自然者, 是可以磬氏之制拘乎?'"

5 **袪** 底本에는 "祛"로 되어 있는데, 《樂學軌範·雅部樂器圖說》에 근거하여 수정함.

6 **攠** 底本에는 "㩟"로 되어 있는데, 《周禮·冬官考工記·梟氏》에 근거하여 수정함.

7 **矩** 底本에는 "倨"로 되어 있는데, 《纂圖互註周禮·周禮經圖》에 근거하여 수정함.

編鍾

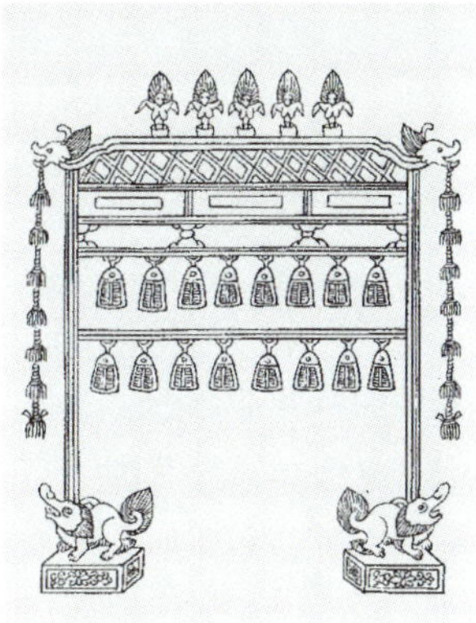

《文獻通考》云:“《小胥》‘凡縣鍾、磬,半爲堵,全爲肆’。註云‘鍾、磬,編縣之二八十六枚,而在一虡,謂之堵,鍾一堵、磬一堵,謂之肆’。今《大晟樂》,宗前代制,亦用十六枚,以十二枚爲正鍾,四枚爲淸鍾焉。” ○《周禮圖》云:“《禮書》‘鍾,植者爲虡,橫者爲簨。簨之上有崇牙,虡之上設業,業之上樹羽,而兩[8]端有璧[9]翣。鍾虡飾以嬴屬,若厚脣弇口、出目短耳、大胸燿後、大體短脰[10],聲大而宏,則於鍾宜’。是也。” ○《樂學軌範》云:“編鍾擊者,對立。雅樂則自黃鍾至林鍾,用右手;自夷則至淸夾鍾,用左手。俗樂則兩手從便擊之。【編磬同。】鍾則擊隧,磬則擊鼓,槌則用角。【編磬、特鍾、特磬、鐲、鐃槌同。】”

8 兩 底本에는 “有”로 되어 있는데, 《禮記·明堂位》에 근거하여 수정함.

9 璧 底本에는 “壁”으로 되어 있는데, 《禮書·鍾虡》에 근거하여 수정함.

10 脰 底本에는 “肘”로 되어 있는데, 《禮書·磬虡》에 근거하여 수정함.

編磬

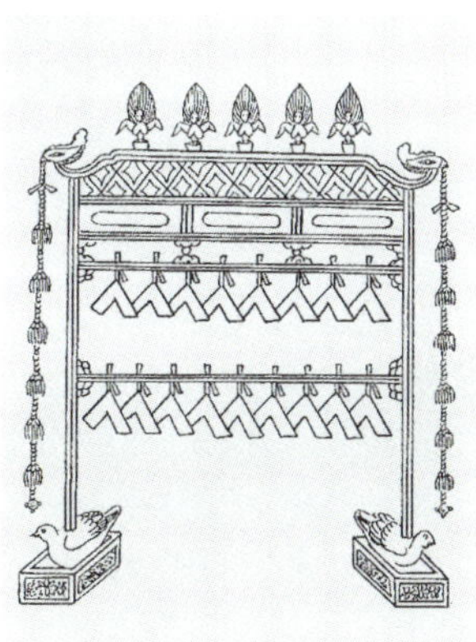

說見上。○《周禮圖》云:“‘磬虡飾以羽屬,若銳喙決吻,數目顧脰,小體騫腹,其聲淸揚而遠聞,則於磬宜’。是也。”

特鍾

說見上。○《樂學軌範》云:“特鍾，用於登歌以起樂者也。鍾以銅鐵和鑞鐵而鑄成之。【如錞、鐲、鐃、鐸之類，凡鑄器竝同。】特鍾則聲中黃鍾，編鍾則自黃鍾至清夾鍾凡十六。長短、圍狹竝同，而以厚薄定其高下。厚則聲高，薄則聲下。”

特磬

說見上。○《樂學軌範》云:“特磬，用於登歌以止樂者也。磬採南陽石爲之。特磬則聲中黃鍾，編磬則自黃鍾至清夾鍾凡十六。長短、廣狹竝同，而以厚薄定其高下。厚則聲高，薄則聲下。凡鍾、磬，過厚而聲高，不中本律者，磨而薄之，則可以聲下而中其本律；過薄而聲下，亦不中本律者，磨去下端，則可以聲高而中其本律矣。”

靈鼓

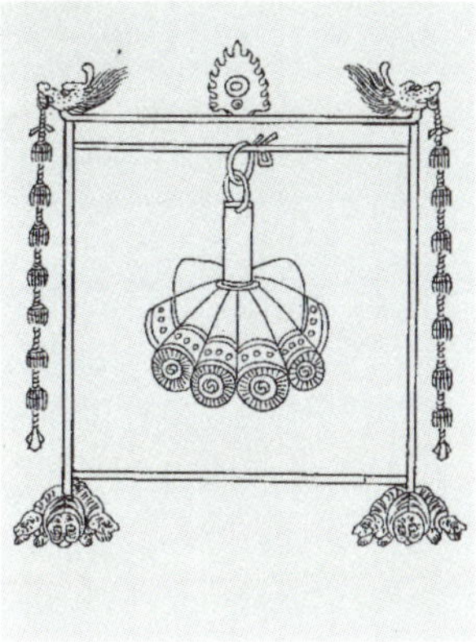

陳氏《樂書》云："鼓人[11]以雷鼓鼓神祀，以靈鼓鼓社祭，以路鼓鼓鬼享。雷，天聲也。靈，地德也。路，人道也。天神之樂六變，而雷鼓、雷鼗六面，地祇之樂八變，而靈鼓、靈鼗八面，人鬼之樂九變，而路鼓、路鼗四面者，金之爲物，能化不能變。鬼亦如之。金非土不生，以土之五加金之四，此其所以九變歟？注云'雷鼓以馬革，乾爲馬故也；靈鼓以牛革，坤爲牛故也'。" ○《樂學軌範》云："靈鼓用於軒架，與晉鼓同擊。"

11 人 底本에는 "又"로 되어 있는데, 《樂書·樂圖論·路鼓》에 근거하여 수정함.

靈鼗

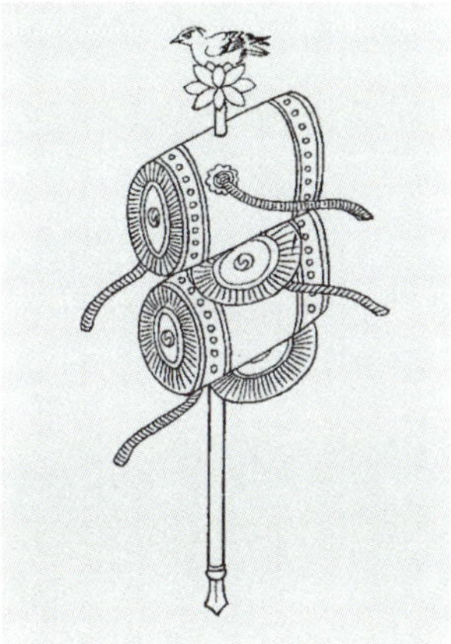

《周禮·太師樂》："雷鼓則有雷鼗，靈鼓則有靈鼗，路鼓則有路鼗。" ○《樂書》云："鼓以節之，鼗以兆之，作樂之道也。鞉所以兆奏鼓也。【鞉與鼗同】" ○《文獻通考》云："鼗，小鼓以木貫之，有兩耳，還自擊。雷鼗三鼓，靈鼗四鼓，路鼗二鼓。" ○《樂學軌範》云："靈鼗用於軒架，樂作之初，搖之。"

節鼓

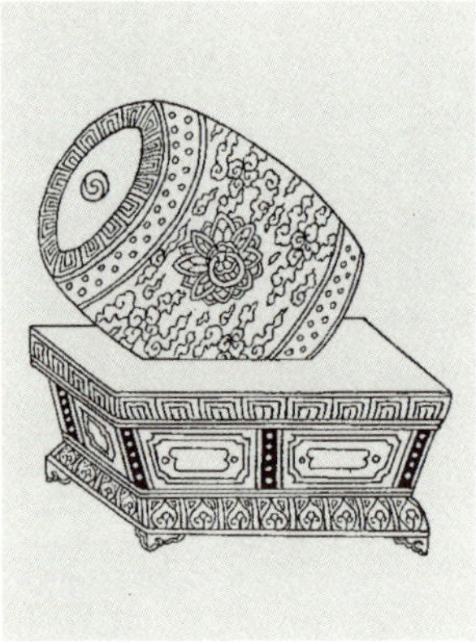

《文獻通考》云:“江左淸樂有節鼓，狀如奕局，朱髹畫其上，中開圓竅，適容鼓焉。擊之以節樂也。自唐以來，雅樂聲歌用之，所以興止登歌之樂。”

晉鼓

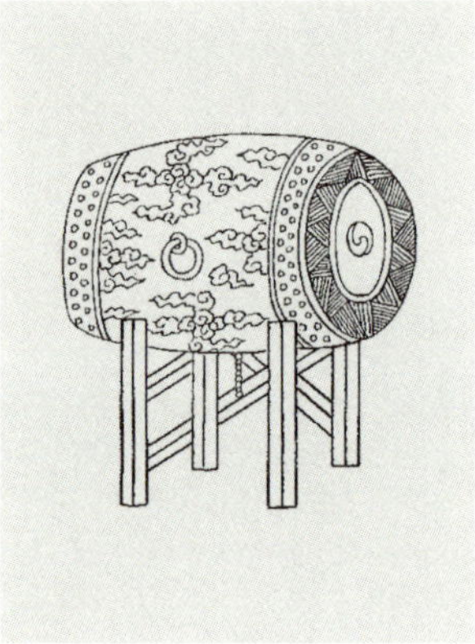

《文獻通考》云:“晉鼓，其制大以短，蓋所以鼓金奏也。鍾師以鍾、鼓奏《九夏》，鎛師掌金奏之鼓，豈晉鼓歟？註云‘以木柱貫鼓，下爲趺，上爲橫筍’。”○《樂學軌範》云:“今制，立四柱，設橫木爲架，置鼓其上。所以興止軒架之樂，又奏樂之時間擊。槌以木爲之。”

柷、止

《樂書》云："柷之爲器，方二尺四寸，深一尺八寸，中有椎柄連底，撞之，令左右擊也。陰始於二四，終於八十，陰數四八，而以陽一主之。所以作樂，則於衆樂先之而已，非能成之也。有兄之道焉。此柷所以居宮縣之東，象春物之成始也。《爾雅》曰'所以鼓柷謂之止'。柷以合樂而作之。必鼓之欲其止者，戒之於蚤也。" ○《樂學軌範》云："柷在堂上爲椌，以止三擊，九聲以起樂者也。【連底撞之一，擊左右二，擊凡三，擊如此三巡則九聲。】柷形，下方稍尖。四面畫山水，上面畫雲。有臺。柷用松木，臺用椴木。"

敔、籈

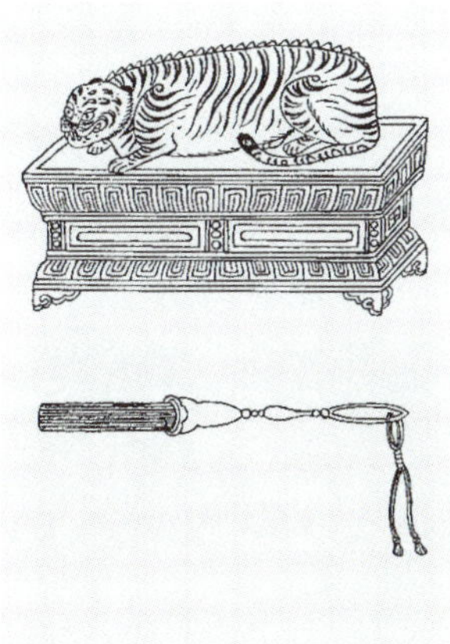

《樂書》云："敔之爲器，狀類伏虎，西方之陰物也。背[12]有二十七鉏鋙，三九之數也。櫟之長尺，十之數也。陽成於三，變於九，而以陰十勝之。所以止樂，則能以反爲文，非特不至於流而失已，亦有足禁過者焉。此敔所以居宮縣之西，象秋物之成終也。《爾雅》曰'所以鼓敔謂之籈'。敔以節樂而止之。必鼓之欲其籈者，潔之於後也。" ○《樂學軌範》云："敔在堂上爲楬，以籈三櫟以止樂者也。【籈竹凡三，每端刳作三片，卽九數也。以九三櫟，乃三九之聲也。】敔虎及臺，用椴木，背上鉏鋙刻，別用他堅木，造以塡之。"

12 背 底本에는 "皆"로 되어 있는데, 《樂書·樂圖論·敔》에 근거하여 수정함.

管

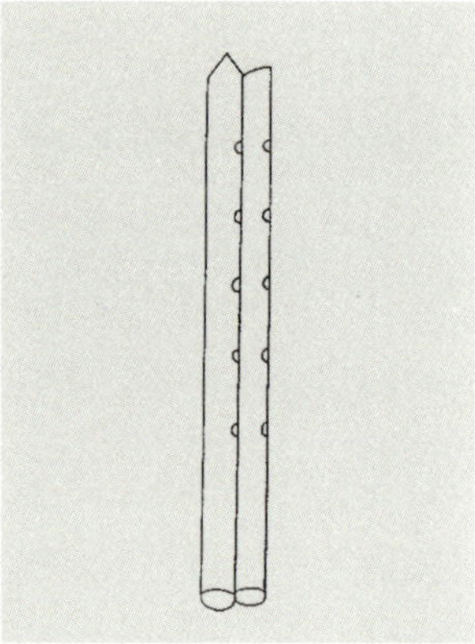

《周禮圖》云："六孔，十二月之音也。併兩而歙之。" ○《樂書》云："先王之制管，所以達陰陽之聲。然陽奇而孤，陰偶而群。陽大而寡，陰小而衆。陽顯而明，陰幽而晦。孤竹之管降天神，取其奇而孤也。孫竹之管出地祇，取其小而衆也。陰竹之管禮人鬼，取其幽而晦也。《易》曰'方以類聚，物以群分'。於斯見矣。" ○《樂學軌範》云："造管之制用烏竹，削去一面，竝兩爲之，俾作雙聲。上端第一節後，刳刻以通節。隔按孔凡五。上兩端以上下脣憑而吹之，聲從後穴而出。用黃生絲，因竹圍大小，造繩纏細結之。【他竹器，倣此。】"

籥

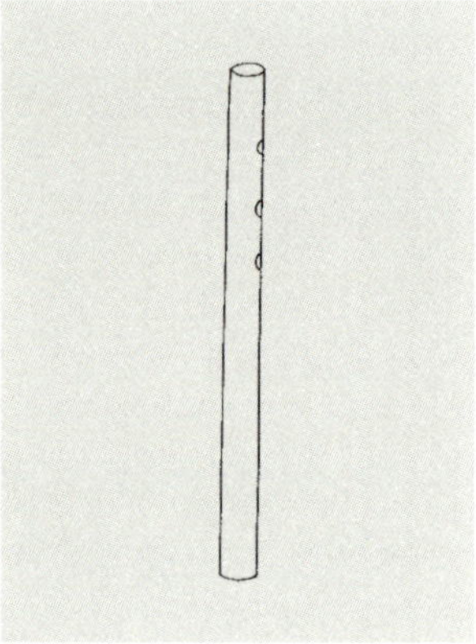

《周禮圖》云："籥如篴，三孔而短。主中聲而上下之。" ○《文獻通考》云："籥，躍也，氣躍而出也。古者取卯地之竹以爲籥，春分之音，萬物振躍而出也。然三漏之籥，所以通中聲，先王之樂也。七漏之籥，所以備二變，世俗之樂也。今太常所用者，三孔而已，豈亦得先王之制歟？" ○《樂學軌範》云："造籥之制，以黃竹爲之。上端前面刳而作竅，以下脣憑而吹之，聲從竅出。"

笙

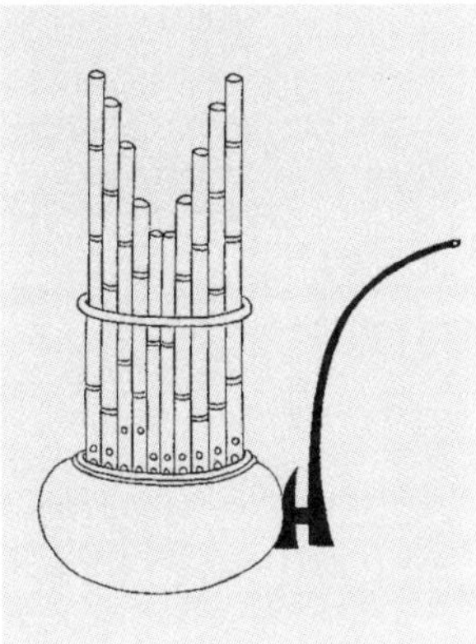

《禮書》云:"笙列管匏中,施簧管端。大者十九簧,小者十三簧,竽三十六簧。笙長四尺,竽長四尺二寸。簧金鍱爲之。蓋衆管在匏,有巢之象,故大笙曰巢,大者唱小者和,小笙曰和。"○《文獻通考》云:"宋朝大樂所傳之笙,竝十七簧。舊外設二管,不定置,謂之義管。"○《大晟樂譜》:"笙集竹爲之云,用十七管,前八簧後九簧,高下有次序,竹長者九寸五分,底高二寸五分,共高一尺五寸。"

和

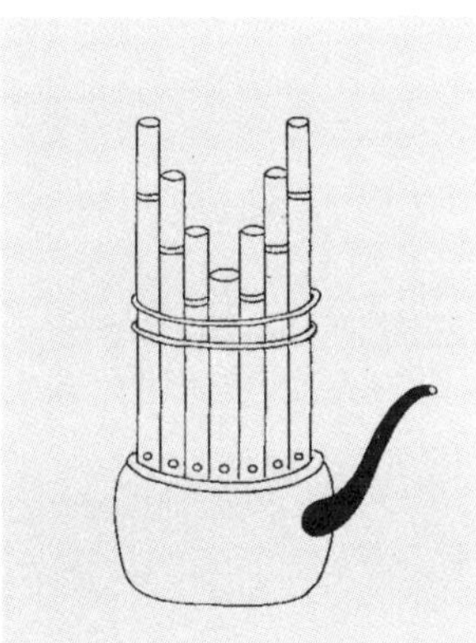

說見上。

竽

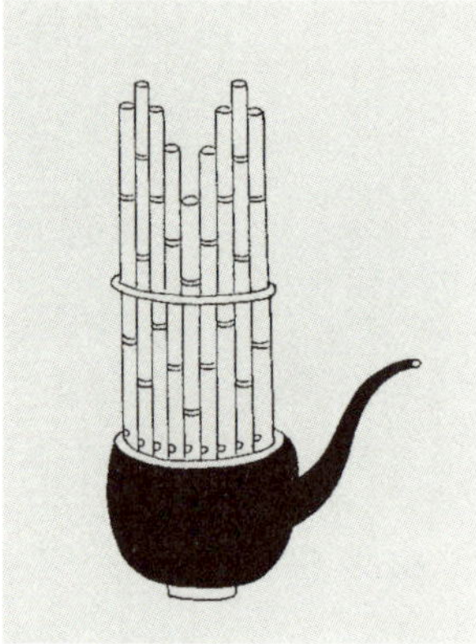

說見上。○《樂學軌範》云："造笙、竽、和之制，匏中别用木柱，虛[13]其周圍。上面以黑角付之。周回鑿孔，以植管竹。用豆錫造帶束之。匏或以木爲之。觜用銅揷於匏，口含而吹之，呼吸俱有聲。管用烏竹。隨律長短。又用剛木穿虛其中，圍徑與管竹同，長一寸六分，連付管端。穿穴於一面，以付簧鍱。管內面各穿長孔，俾通聲氣，外面又穿圓孔，按之則有聲，開之則無聲。"

13 **虛** 底本에는 "虡"로 되어 있는데, 《樂學軌範·雅部樂器圖說》에 근거하여 수정함.

簫

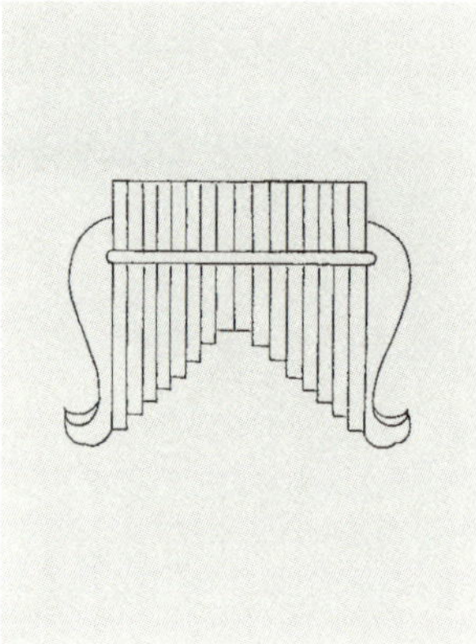

《周禮圖》云："《博雅》'大者二十四管無底，漢謂洞簫。小者十六管有底，狀如鳳翼，其聲鳳聲'。" ○《大晟樂譜》云："鳳簫以竹爲之，身長一尺四寸，有一十六管，闊一尺六分，蠟蜜實其底。架一尺二寸，以木爲之。第一管長一尺二寸五分，第二管長一尺二寸一分，第三管長一尺一寸三分，第四管長一尺四分，第五管長九寸八分，第六管長九寸，第七管長七寸六分，第八管長六寸七分。自十六管至第九管，復如第一管至八管之數。從右手爲頭，次第吹之，至左成曲。分寸協律取聲。" ○《樂學軌範》云："造簫[14]之制，以海竹爲之，朱漆。今分寸協律之制，自黃鍾管至淸夾鍾管，實蠟其底，從律管取聲。若有聲高之管則減蠟，聲下之管則添蠟以調之。架以椵木爲之，黑漆。"

14 **簫** 底本에는 "蕭"로 되어 있는데, 奎章閣本에 근거하여 수정함.

篴

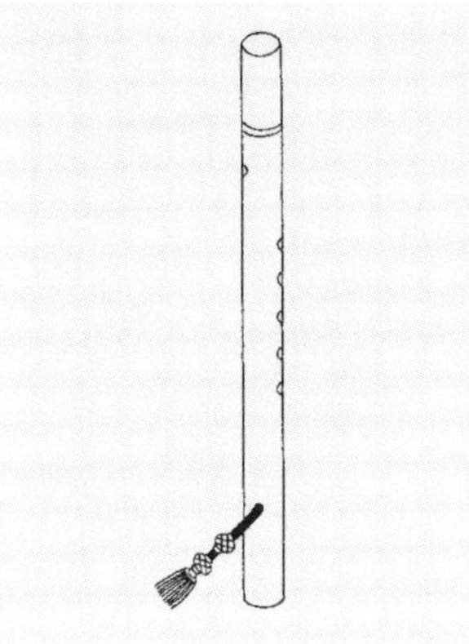

《周禮圖》云:“篴舊四孔, 京房加一孔備五音, 今笛也。”宋朝賜來篴, 前五孔後一孔, 尾兩旁各一孔。○《樂學軌範》云:“造篴之制, 以黃竹爲之。上端前面刳而作竅, 以下唇憑而吹之, 聲從竅出。下端節穿四孔, 刳作十字, 凡八孔, 第一孔在後。”

缶

《樂書》云:“土音缶, 立秋之音也。古者盎謂之缶, 則缶之爲器, 中虛而善容, 外圓而善應, 中聲之所自出也。唐堯之時, 有擊壤而歌者, 因使鄭以麋輅【力各切, 生革縷。】冥缶而鼓之。是以《易》之‘盈缶’見於《比》, ‘用缶’見於《坎》, ‘鼓缶而歌’見於《離》。《詩》之‘擊缶’見於《宛丘》。是缶之爲樂, 自唐至周所不易也。昔秦、趙會於澠池, 趙王爲秦王擊缶, 亦因是已, 孰謂始於西戎乎? 先儒之說, 一何疎耶? 徐榦曰‘聽黃鍾之音, 知擊缶之細’。則缶之樂, 特其器之細歟? 註云‘一曰形如足盆, 一曰形如覆盆, 以四杖擊之’。”○《樂學軌範》云:“今《軒架圖》, 缶之數凡十, 每一各用一人擊之, 各準於律。《樂書》有‘八缶具黃鍾一均之聲’, 排列於床上, 則一人必專擊十二律。趙王請秦王擊缶, 則其爲一人擊之, 明矣。今之十缶, 各用一人擊之, 恐誤。且黃鍾一均, 宜用七律, 而置八缶。今之《軒架圖》, 宜用十二缶, 而用十缶亦未可知。缶以瓦土燔造, 以厚薄定律。”

篪

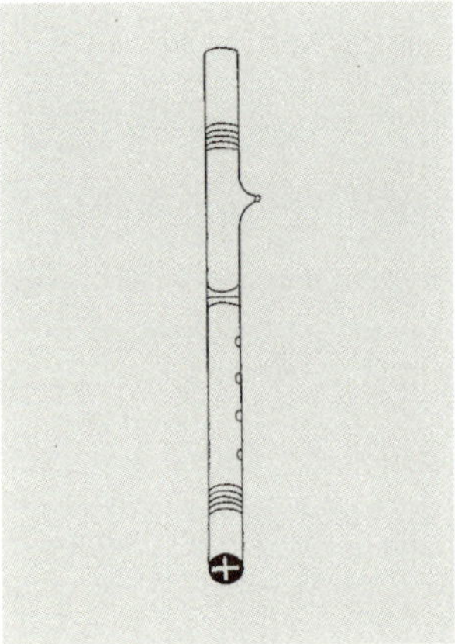

《周禮圖》云:“《大晟樂書》‘塤、篪皆六孔，而以五竅取聲。二者，其竅盡合則爲黃鍾，其竅盡開則爲應鍾。此塤、篪所以相應，餘樂皆[15]然’。” ○《樂學軌範》云:“造篪之制，以黃竹爲之，觜別用竹端，揷於管，以蠟塗塞，俾礙氣通。下端節穿四孔，刳作十字。凡五孔，第一孔在後。”

塤

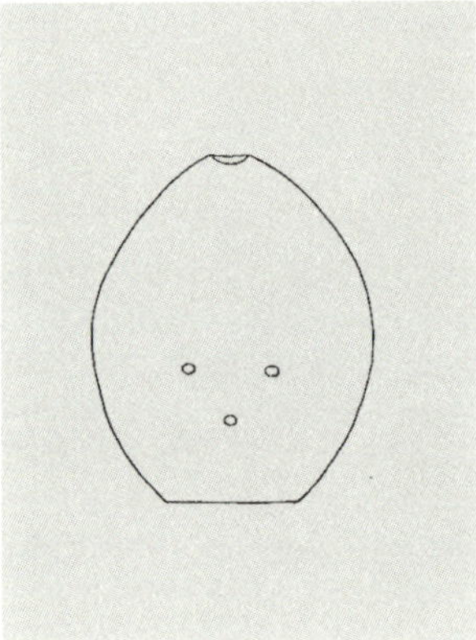

《周禮圖》云:“塤狀如秤錘，以土爲之。”《詩》作“壎”。○《樂書》云:“塤之爲器，立秋之音也。平底六孔，水之數也。中虛上銳，火之形也。塤以水、火相合而後成器，亦以水、火相和而後成聲，故大者聲合黃鍾、大呂，小者聲合太簇、夾鍾，要在中聲之和而已。註云‘塤六孔，上一前三後二’。” ○《樂學軌範》云:“塤無定制，以瓦土爲之，闊狹失中，或燔造生熟不同，故聲音不齊。必多數造之，準於律管而用之[16]。”

15 皆 《周禮圖》에는 “不”로 되어 있음.

16 之 底本에는 이 뒤에 “之之” 2자가 있는데, 奎章閣本과 《樂學軌範》에 근거하여 衍字로 보아 삭제함.

瑟

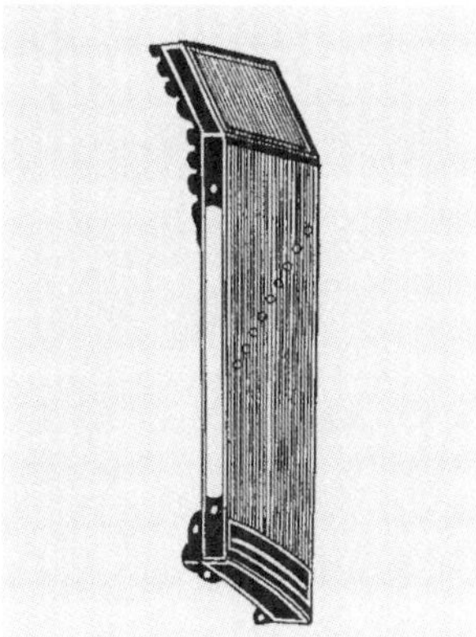

《禮書》云:“《樂記》‘清廟之瑟，朱絃而疏越’。蓋絲不練則勁而聲清，練則熟而聲濁。孔小則聲急，大則聲遲，故疏越以遲其聲，然後不至於大急；練絲以濁其聲，然後不失之大清。”○《樂書》云:“瑟者閉也。所以懲忿窒欲，所以正人之德也。故前其柱則清，却其柱則濁。按《三禮圖》‘頌瑟，長七尺二寸，廣尺八寸，二十五絃竝用也’。”○《樂學軌範》云:“造瑟之制，前面用桐木，後面用牙木，四面邊兒漆以黑。前面畫雲鶴，兩端畫錦。黃鍾絃最大，至淸應鍾絃漸次而細，閏絃與黃鍾同，竝紅染。【用丹木，琴絃同。】柱亦漸次而低。本律十二用右手，淸聲十二用左手，竝以食指同時句彈，俾作雙聲。四淸聲則只彈淸聲。閏絃之柱，退立於擔棵之前。”

琴

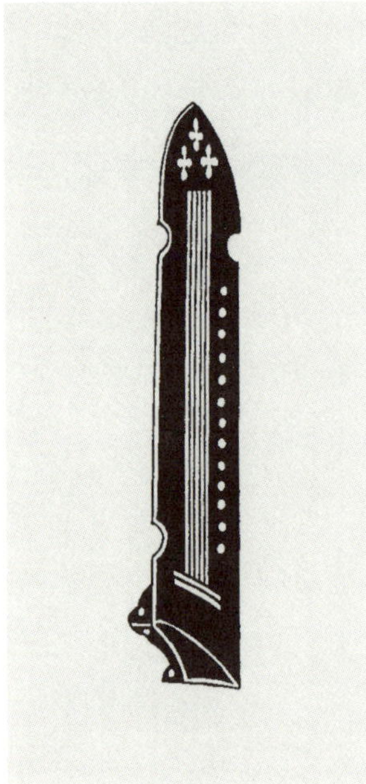

《樂書》云:“長三尺六寸六分，象期之日也。廣六寸，象六合也。絃有五，象五行也，腰廣四寸，象四時也。前廣後狹，象尊卑也；上圓下方，象天地也。暉十有三，象十二律，餘一以象閏也。其形象鳳，而朱鳥南方之禽，樂之主也。五分其身，以三爲上，以二爲下，參天兩地之義也。文王、武王各加一絃，以爲文絃、武絃，是謂七絃。”○《樂學軌範》云:“造琴之制，前面用桐木，後面用栗木，漆以黑。暉以螺、蛤爲之，凡十三，中暉最大，至第一暉、第十三暉漸次而小。凡七絃，初絃稍大，至七絃漸次而細。以左手按絃，姑洗用名指立按，餘皆母指斜按，竝肉、甲兼用之。以右手彈法，姑洗用名指句彈，夷則、南呂、無射、應鍾、淸大呂、淸太簇、淸夾鍾用食指挑之，餘皆長指句彈。不按而彈曰散聲，卽虛絃聲也。”【他樂器倣此。】

麾

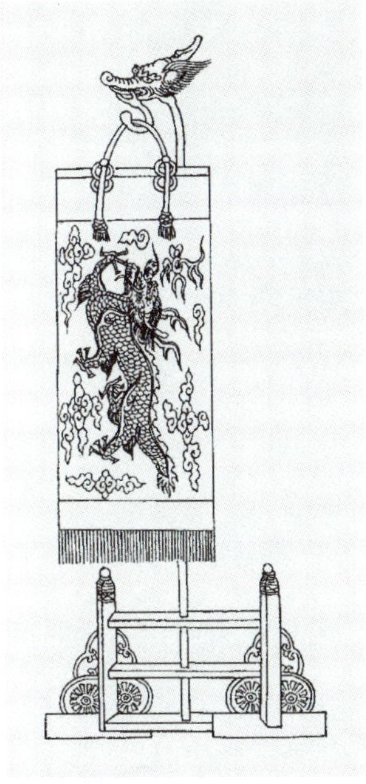

《樂書》云:“《周官》‘巾車掌木路, 建大麾, 以田, 以封蕃國’。《書》曰‘左仗黃鉞, 右秉白旄以麾’。則麾周人所建也。後世協律郎執之, 以令樂工焉。蓋其制高七尺, 干飾以龍首, 綴纁帛, 畫升龍於上。樂將作則擧之, 止則偃之。堂上則立於西階, 堂下則立於樂懸之前少西。《唐樂錄》謂之暈干, 是也。”○《大晟樂譜》:“其幡上綴玄色五寸, 中緋絹三尺六寸, 下黃色五寸, 有趺。”

照燭

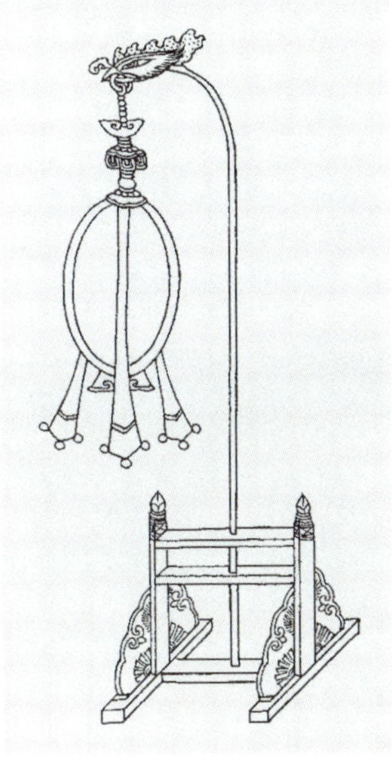

《五禮儀》云:“照燭之制, 以長竿置絳羅籠[17]於其末。然燭於中, 夜暗麾遠難辨, 擧以作樂, 偃以止樂。”○《樂學軌範》云:“照燭之制, 以竹作籠, 上下以木磨, 造刻雲頭。冒絳羅, 上下端以黑羅連補, 黑羅流蘇三。只用夜暗時, 立於麾邊階下, 樂作時與麾同時擧之, 樂止時亦同時偃之。”

17 **籠** 底本에는 “龍”으로 되어 있는데, 《樂學軌範·雅部樂器圖說》에 근거하여 수정함.

舞器圖說

18 **値** 底本에는 "植"으로 되어 있는데, 《詩經·宛丘》에 근거하여 수정함.

纛

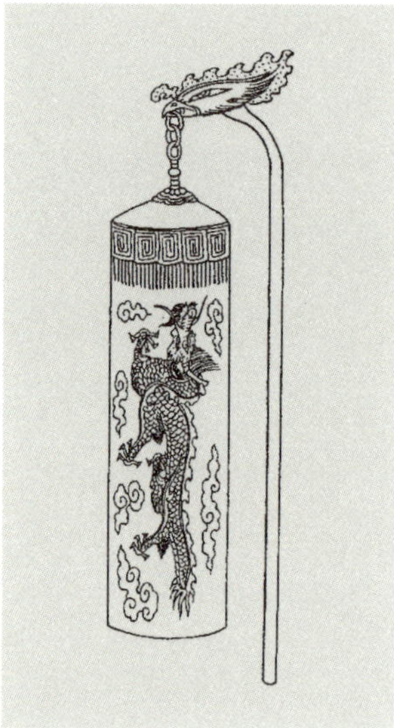

《樂書》云: "《君子陽陽》曰'左執翿', 《宛丘》詩曰'値[18]其鷺翿', 《爾雅》曰'翿, 纛也'。郭璞以爲'今之羽葆幢'。蓋舞者所建以爲容, 非其所持者也。聖朝太樂所用高七尺, 干首捿木鳳, 注旄一重, 綴纁帛, 畫升龍焉。二工執之, 分立於左右, 以引文舞, 亦得古之遺制也。"

旌

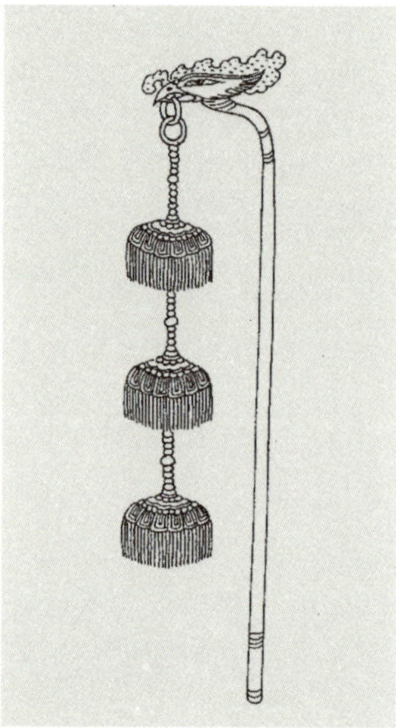

《樂書》云: "春秋之時, 宋人作《桑林之舞》以享晉侯, 舞師題以旌夏, 晉侯懼退入于房, 去旌卒享。蓋旌夏, 大旌也。舞者行列, 以大旌表識之也。《大射禮》'擧旌以宮, 偃旌以商'。亦其類歟? 然武樂, 象成者也, 故得以旌參之。聖朝太樂所用, 注旄三重, 高纛等。二工執之, 分立於左右, 以引武舞, 亦得古之遺制也。"

錞

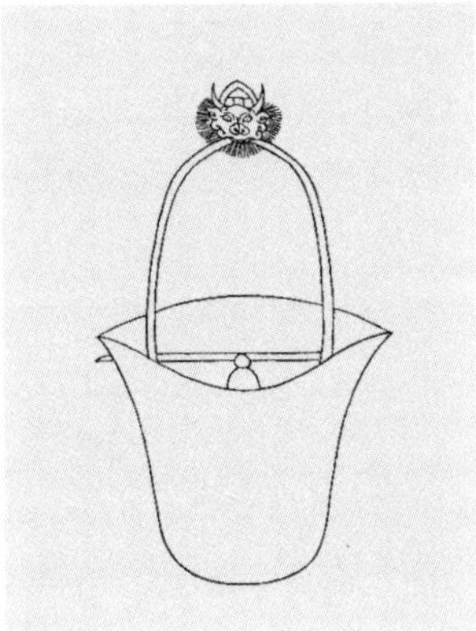

《文獻通考》云:"《周禮》'鼓人掌六鼓、四金之音聲, 以節聲樂。四金者, 錞、鐲、鐃、鐸也。以金錞和鼓'。蓋其形象鍾, 頂大、腹揜、口弇, 以伏獸爲鼻, 內懸于鈴銅舌。凡作樂, 振而鳴之, 與鼓相和。【武舞時, 工人以手持錞振之, 引舞進退。】" ○《樂學軌範》云:"今用錞之法, 文舞旣退, 武舞進入之時, 樂生一人, 以兩手持鐵纓而振之以入, 立於舞人之右, 凡雅樂第三字, 舞人回身之時振之, 至第四字而止。鐲、鐃、鐸之用竝同。鐲、鐃則左手執柄, 右手執槌擊之。鐸則以兩手持其柄而搖之。"

鐲

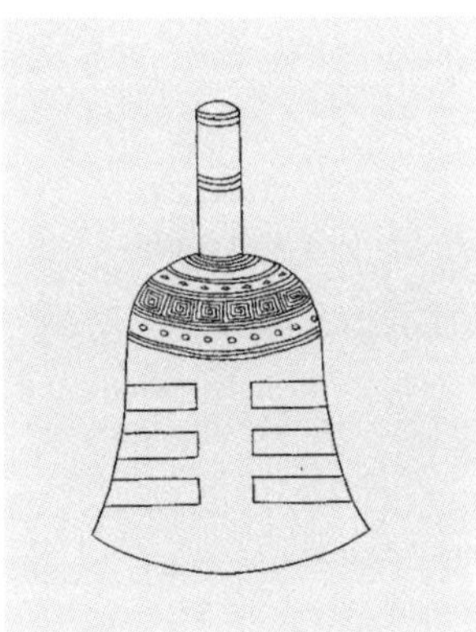

《樂書》云:"《周官·地官·鼓人》'以金鐲節鼓'。鄭康成曰'鐲如小鍾, 軍行鳴之以爲鼓節'。蓋自其聲濁言之, 謂之鐲。自其儆人言之, 謂之丁寧。自其正人言之, 謂之鉦, 其實一也。"

19 樂《周禮·地官司徒·鼓人》에는 "鼓"로 되어 있음.

20 縣《周禮·春官宗伯·小胥》에는 "懸"으로 되어 있음.

鐃

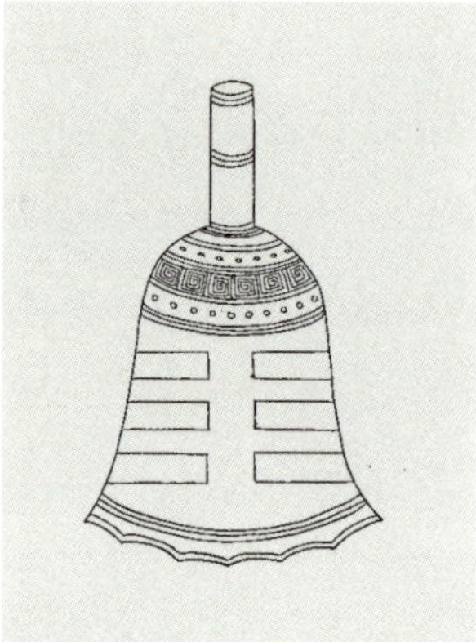

《樂書》云: "《周官·鼓人》'以金鐃止樂[19]'。以其聲譊譊然, 故以鐃名之。《說文》曰'鐃, 小鉦也'。柄中上下通。漢鼓吹曲有鐃歌。所以退武舞也, 豈亦周之遺制歟? 蓋其小者似鈴, 有柄無舌, 執而鳴之以止鼓, 大者象鍾形, 薄, 旁有二十四銑。宮縣[20]用之, 飾以流蘇, 蓋應律音而和樂也。"

鐸

《樂書》云: "《周官·鼓人》'以金鐸通鼓'。《釋名》曰'鐸, 度也, 號令之限度也。則鐸, 大鈴也。舞者振之警衆以爲節'。是金鐸以金爲舌, 所以振武事也。舞武事者執之。"

應

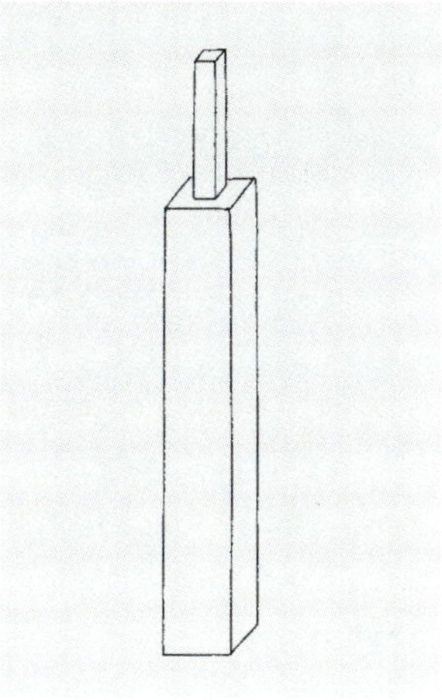

《文獻通考》云:"小舂謂之應, 所以應大舂所倡之節也。《周官》'應如桶而長[21]六尺五寸, 中象柷有椎連底, 左右相擊以應柷也'。《禮圖》'其形正圓[22], 而內外皆朱'。" ○《樂學軌範》云:"今用應之法, 文舞旣退, 武舞進入之時, 樂生一人, 持入立於舞人之左, 凡雅樂武舞時, 擊晉鼓, 以右手執椎柄, 隨鼓聲舂之。雅、相、牘之用竝同。雅則兩手持腰纓而築地, 相則左手持纓, 右手執槌而擊之, 牘則以兩手築地。"

雅

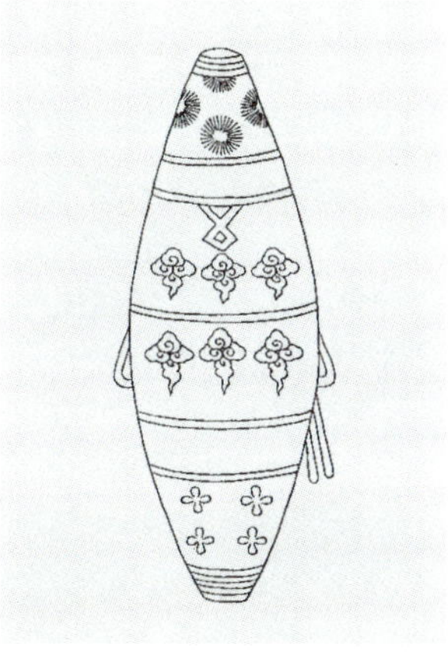

《樂書》云:"雅者, 法度之器, 所以正樂者也。工舞以雅, 欲其迅疾不失正也。先儒謂'狀如漆桶而弇口, 大二圍, 長五尺六寸, 以羊韋鞔之。旁有兩紐, 疏畫。舞工人所執, 所以節舞也。一曰中有椎'。"

21 **長** 底本에는 "方"으로 되어 있는데, 《周禮·春官宗伯·笙師》에 근거하여 수정함.

22 **圓** 底本에는 "圖"로 되어 있는데, 《文獻通考·樂考·舞器》에 근거하여 수정함.

相

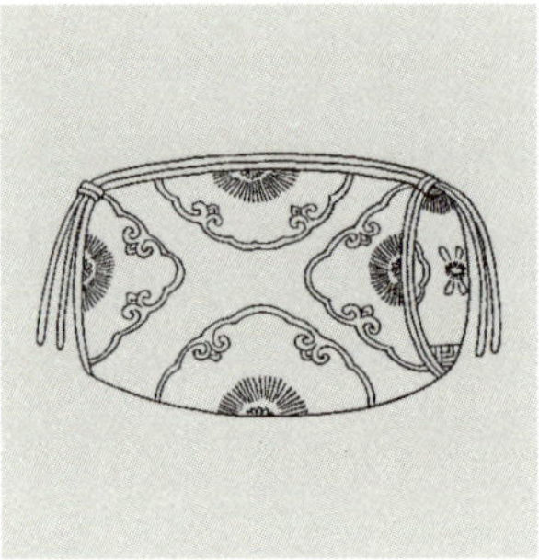

《文獻通考》云："相狀如鼙，韋表糠裏，以漆跌局，承而擊之，所以輔樂。《樂記[23]》'治亂以相'。諸家樂圖多以相爲節。是相所以輔樂，亦所以節舞也。今大樂武舞用之，二工在舞者之左，手撫兩端以節舞者之步，豈亦得相之遺制歟?"

23 記 底本에는 "器"로 되어 있는데,《文獻通考·樂考·舞器》에 근거하여 수정함.

牘

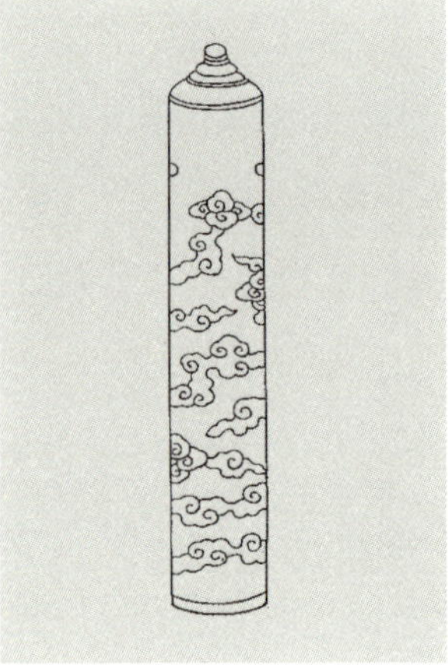

《樂書》云："以竹爲之，大五寸。殺其聲而使小，所以節樂。長者七尺，短者三尺。虛中如筩而無底。其端有兩竅，而髹畫之。列於庭，以兩手築地。"○《周禮圖》："鄭司農曰'牘以竹，大五六寸。築地取聲以爲節'。"

籥

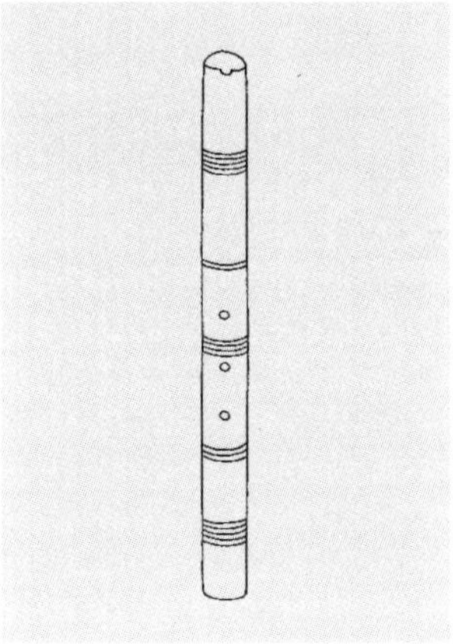

《文獻通考》云: "《籥師》'祭祀鼓《羽籥之舞》', 《詩》曰'左手執籥, 右手秉翟'. 蓋籥所以爲聲, 翟所以爲容也." ○《樂學軌範》云: "籥、翟文舞人所執."

翟

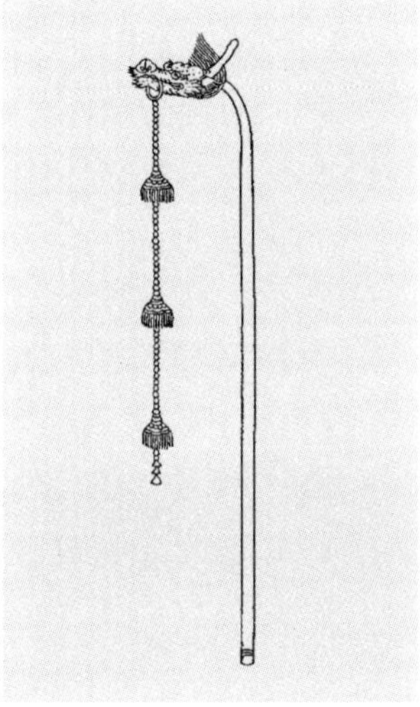

說見上。

干

《樂書》云: “干, 盾也, 所以自蔽。戚, 斧也, 所以待敵。盾之爲物, 朱質而繪以龍。” ○《周禮·司兵》: “祭祀授舞者兵。鄭氏曰‘授以朱干、玉戚之屬’。” ○《樂學軌範》云: “干、戚武舞人所執, 左手執干, 右手執戚。”

戚

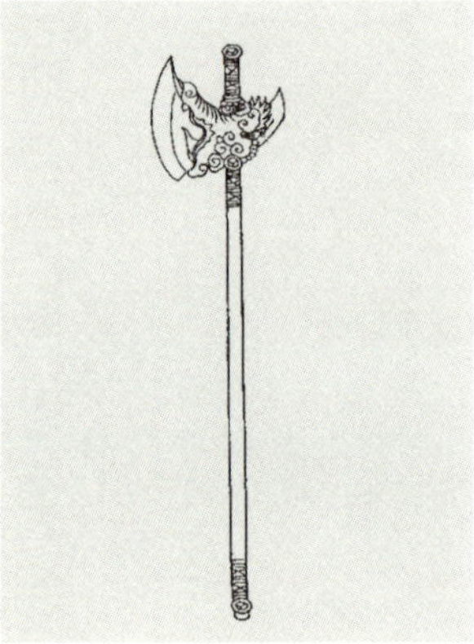

說見上。

祭服圖說

殿下冕服 【九章。永樂元年欽賜之制。】

圭

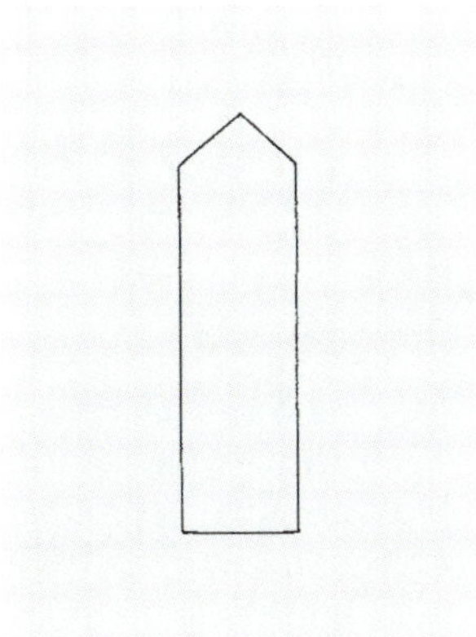

《五禮儀》云:“圭以青玉爲之, 長九寸。”

冕

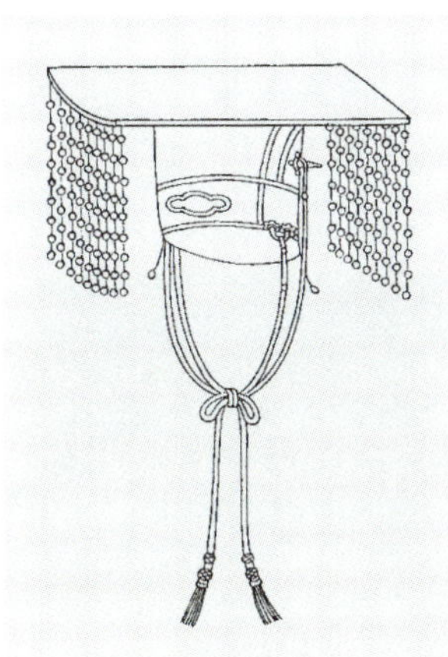

《五禮儀》云:“冕, 版廣八寸, 長尺六寸, 前圓後方。玄覆纁裏, 以繒爲之。前高八寸五分, 後高九寸五分, 以金飾之。九旒, 每旒九玉, 五采, 先朱, 次白, 次蒼, 次黃, 次黑。旒長九寸, 前後十八旒, 金簪。其冕之旁, 屬玄紞, 垂玉瑱以充耳。用紫組二, 屬之於兩旁, 結之頷下而垂其餘。又以朱組一條, 繫之左笄, 遶頤下, 自右而上, 仰屬於笄, 屈繫之, 垂其餘爲飾。”

衣面

《五禮儀》云:“衣以繒爲之。其色玄。【青黑而微有赤意,謂之玄。】繪五章龍、山、火、華蟲、宗彝於其上。【繪[24],陽事也,故在衣;繡,陰功也,故在裳。】”

24 繪 底本에는 “繒”으로 되어 있는데, 奎章閣本과《國朝五禮序例·吉禮·祭服圖說》에 근거하여 수정함.

衣背

說見上。

中單面

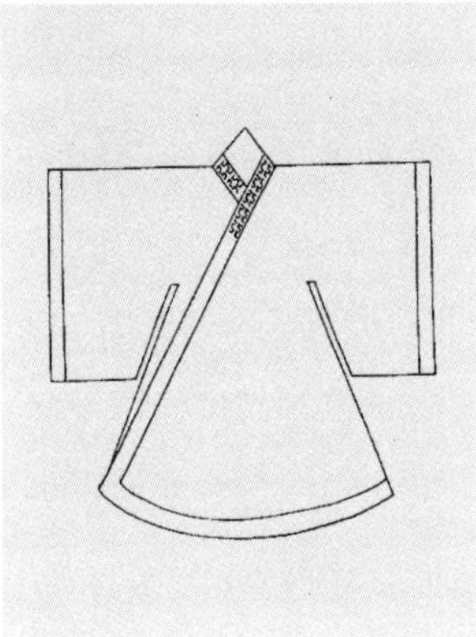

《五禮儀》云:“中單以白繒爲之。青領褾、襈、裾，繪黻十一於領。”

中單背

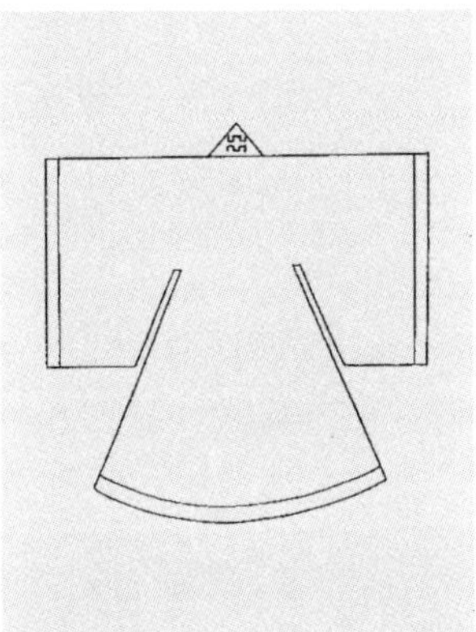

說見上。

裳

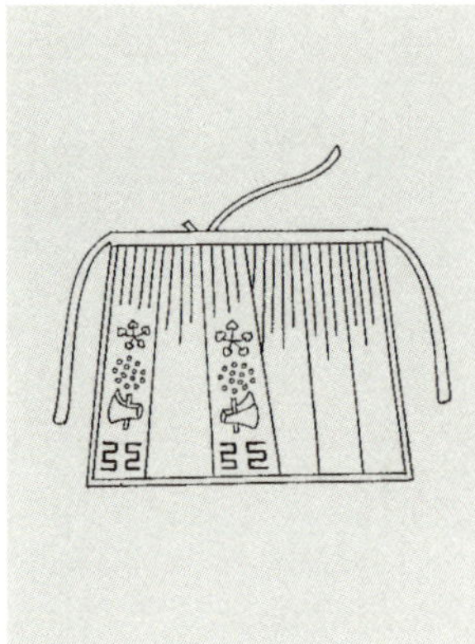

《五禮儀》云："裳以繒爲之，其色纁。【三染絳色而爲纁。】以七幅爲之，殊其前後，前三幅後四幅。每幅兩旁各縫一寸，謂之削幅。腰間辟積無數，【辟積謂摺也。】裳側有純，謂之綼，裳下有純，謂之緆。綼、緆之廣各寸半，表、裏合爲三寸。繡四章藻、粉米、黼、黻於其上。"

蔽膝

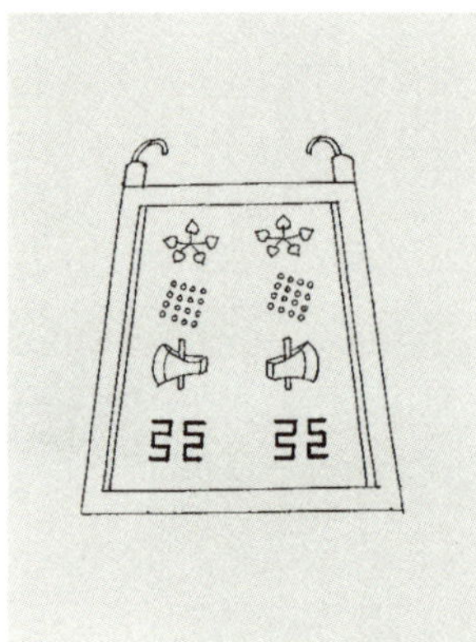

《五禮儀》云："蔽膝以繒爲之，其色纁。上有紕，下有純。去上五寸，繡以藻、粉米、黼、黻。"

方心曲領

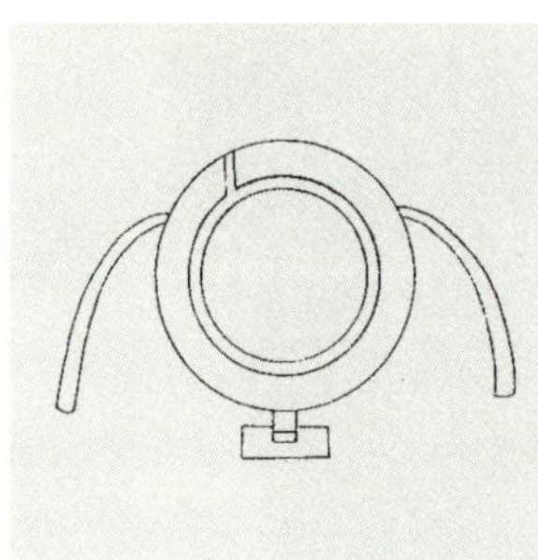

《五禮儀》云："方心曲領以白羅爲之。旁有兩纓。【左綠右紅。】"

革帶、大帶

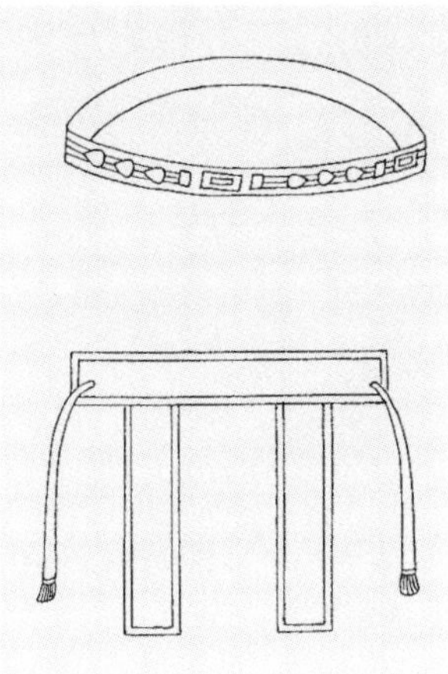

《宮園儀》云:“革帶用玉鉤。《大明集禮》有之，本朝《五禮儀》不載。英廟乙未，因尙方臣玹奏，始備此制。今上丙申，又因校正官言，添錄於大帶條上，著爲式。”○《五禮儀》云:“大帶以緋、白錦，合而縫之。”

綬

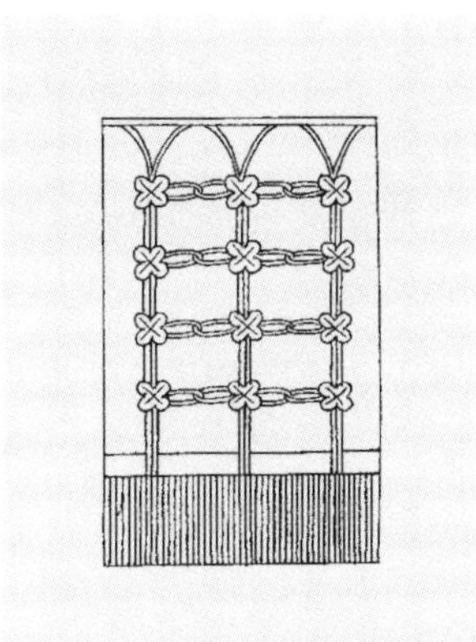

《五禮儀》云:“綬以紅花錦爲之，施以雙金環。”

佩

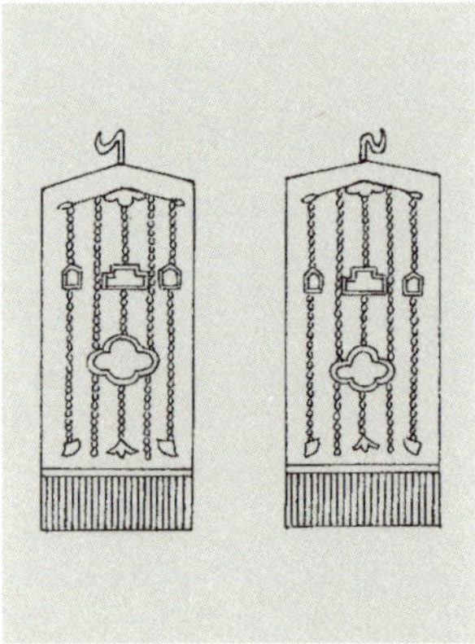

《五禮儀》云:“佩二，上設衡以金鉤，次以重衡，中以琚瑀，下有雙璜，衝牙在雙璜之間。又設雙滴在衝牙、兩璜之間，穿以藥玉珠。其衡、琚瑀、雙璜、衝牙、滴子，竝以珉玉。”

襪

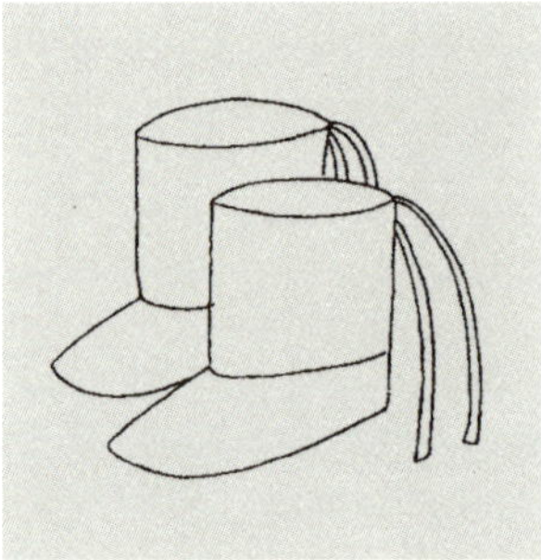

《五禮儀》云:“襪以緋緞爲表，緋綃爲裏。”

舃

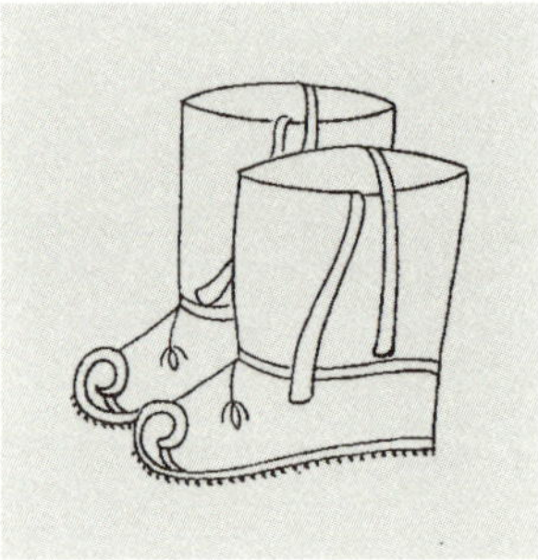

《五禮儀》云:“舃以緋緞爲表，白繒爲裏。”

王世子冕服 【七章。景泰元年欽賜之制。】

圭

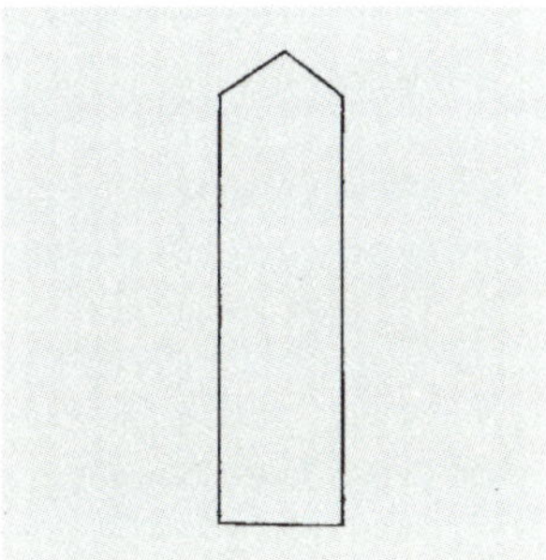

《五禮儀》云："制與九章同。"

冕

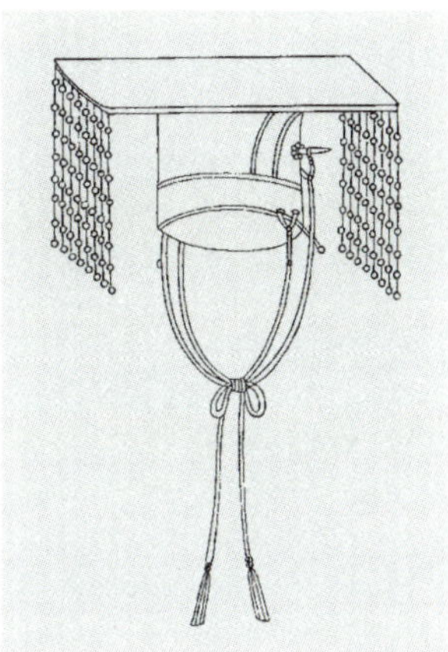

《五禮儀》云："制與九章同。惟八旒，每旒八玉，三采，先朱、次白、次蒼。"

衣面

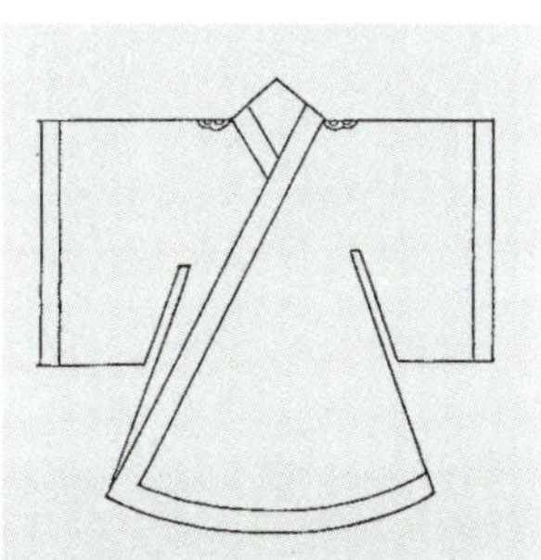

《五禮儀》云："制與九章同。惟繪三章，火、華蟲、宗彝於其上。"

衣背

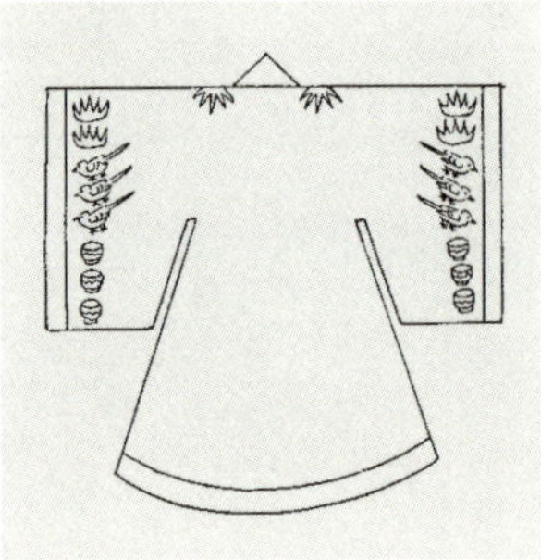

說見上。

中單面

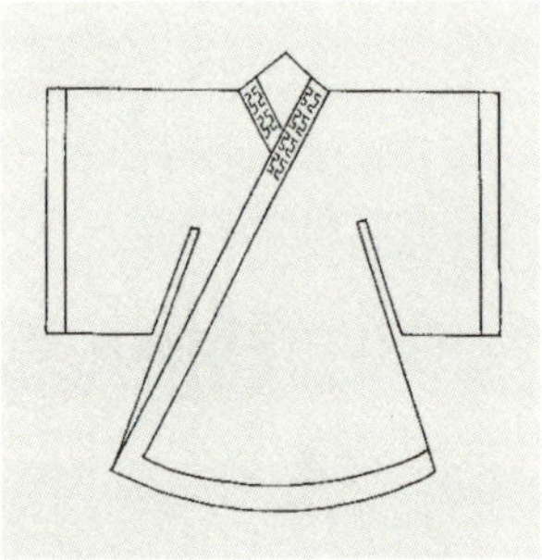

《五禮儀》云: "制與九章同。"

中單背

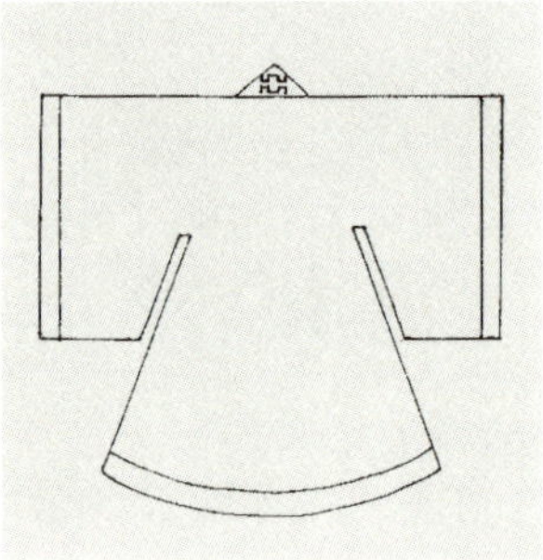

說見上。

裳

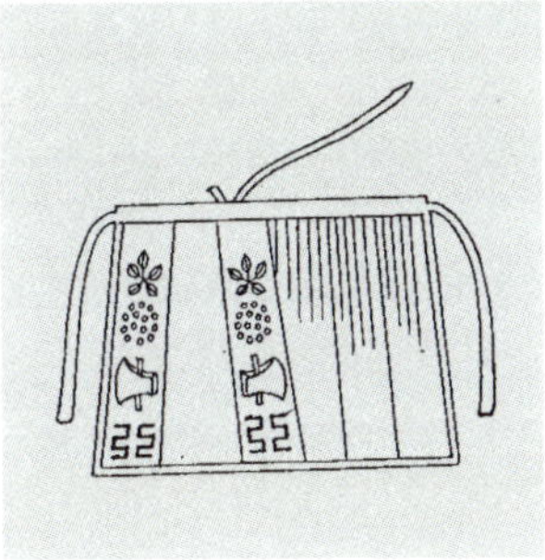

《五禮儀》云:“制與九章同。”

蔽膝

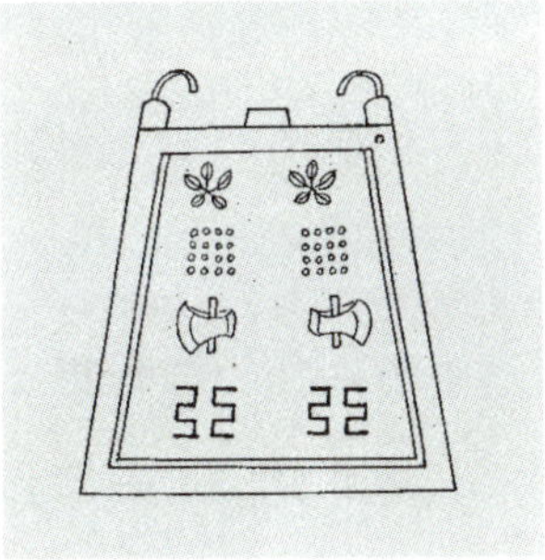

《五禮儀》云:“制與九章同。”

方心曲領

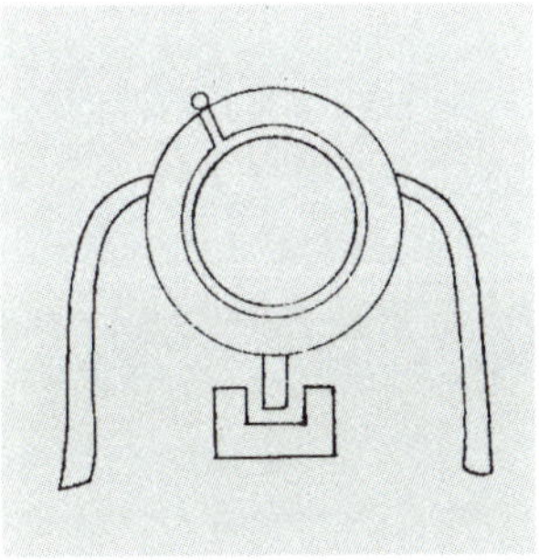

《五禮儀》云:“制與九章同。”

革帶、大帶

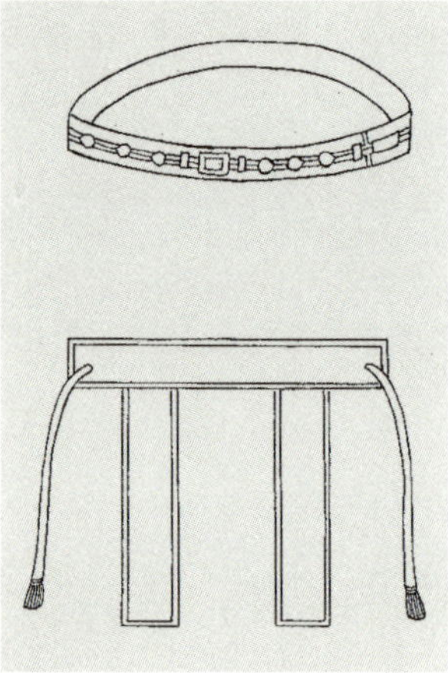

革帶，說見上。大帶，《五禮儀》云："制與九章同。"

綬

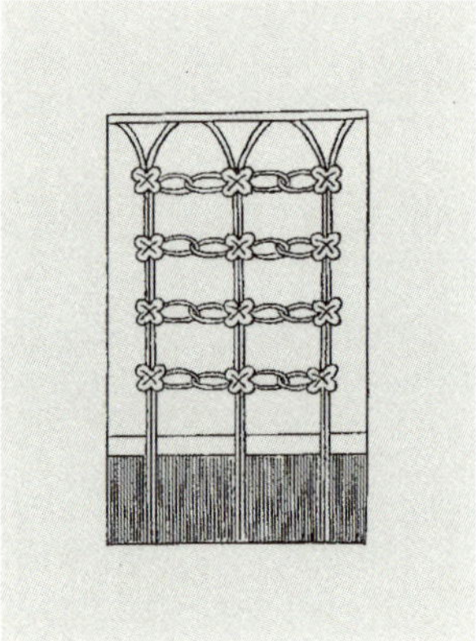

《五禮儀》云："制與九章同。"

佩

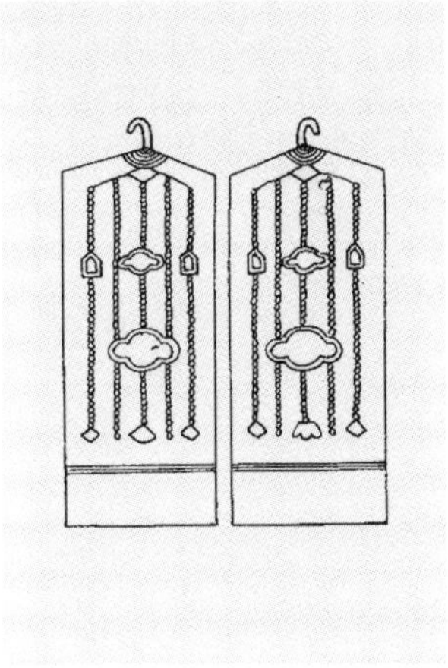

《五禮儀》云:“制與九章同。”

襪

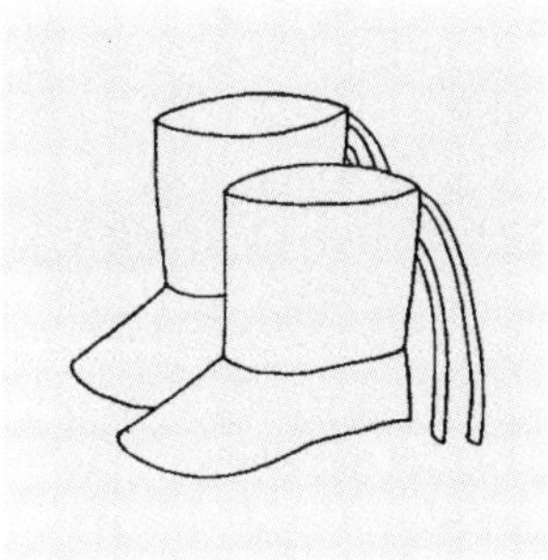

《五禮儀》云:“制與九章同。”

舃

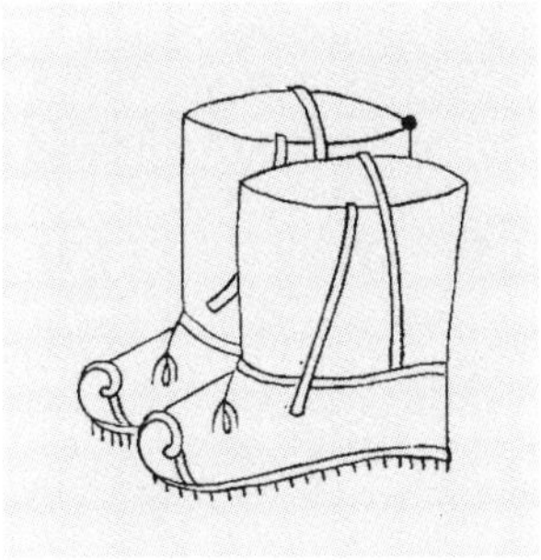

《五禮儀》云:“制與九章同。”

齋官冠服

笏

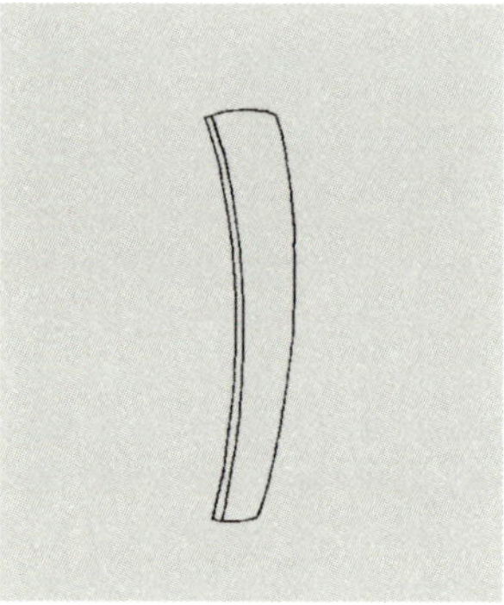

《五禮儀》云:“笏, 四品以上用象牙, 五品以下用木爲之。”

冠

《五禮儀》云:“冠, 一品五梁, 二品四梁, 三品三梁, 四品至六品二梁, 七品以下一梁。竝角簪。”

衣面

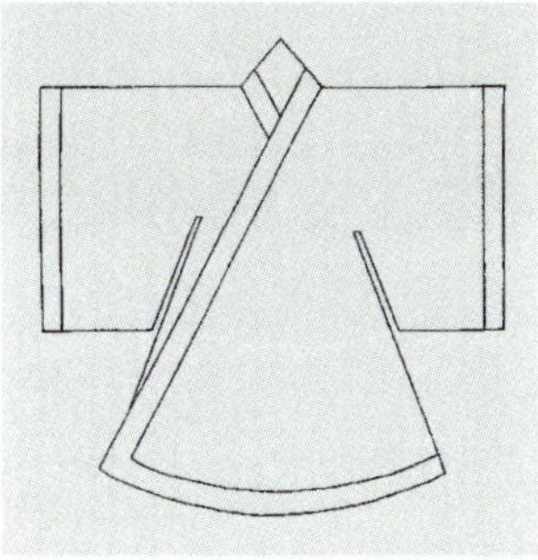

《五禮儀》云: “衣以青羅爲之。”

衣背

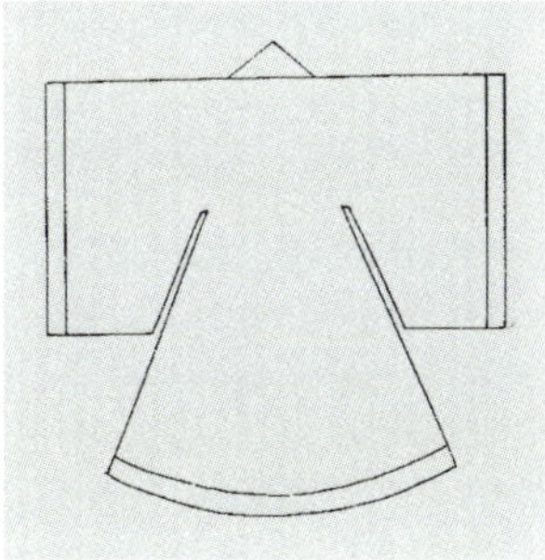

說見上。

中單面

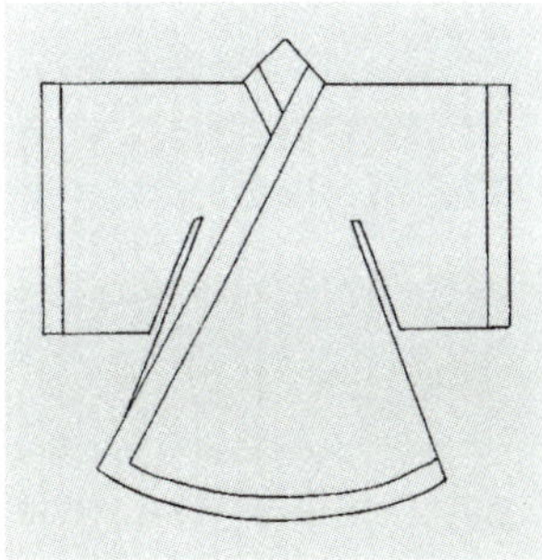

《五禮儀》云: “中單以白紗爲之, 皁領緣。”

中單背

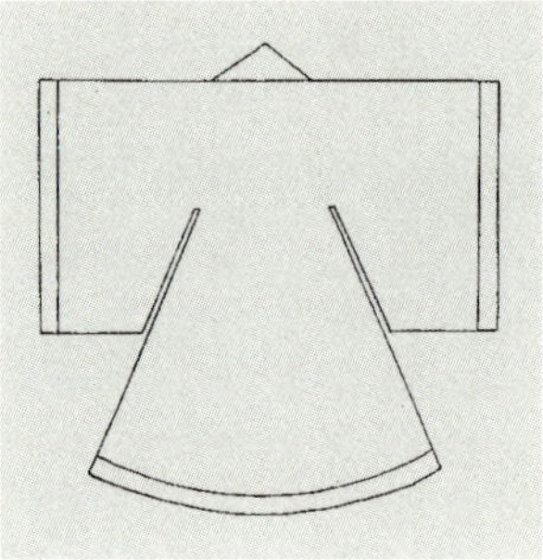

說見上。

裳

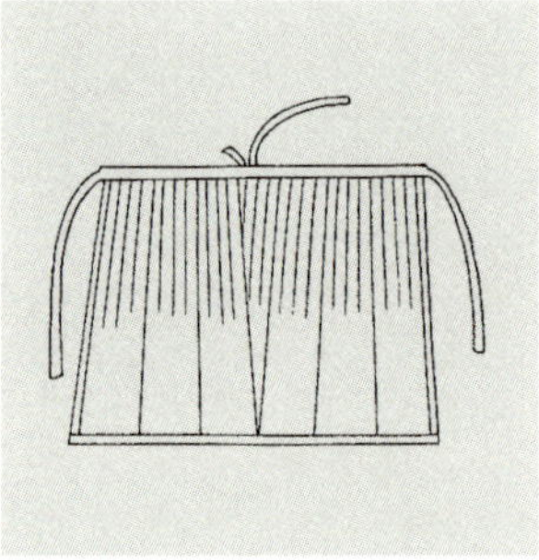

《五禮儀》云:“裳以赤羅爲之。”

蔽膝

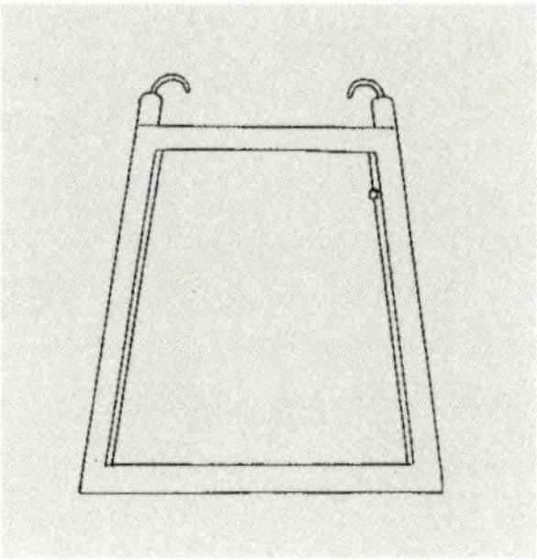

《五禮儀》云:“蔽膝以赤羅爲之。”

方心曲領

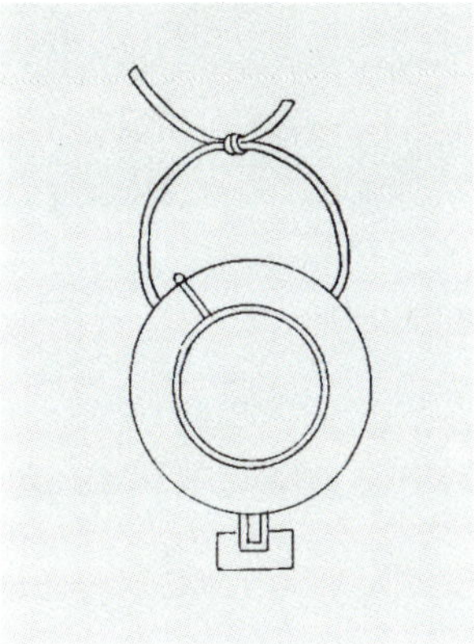

《五禮儀》云:“方心曲領以白綃爲之。”

革帶、大帶

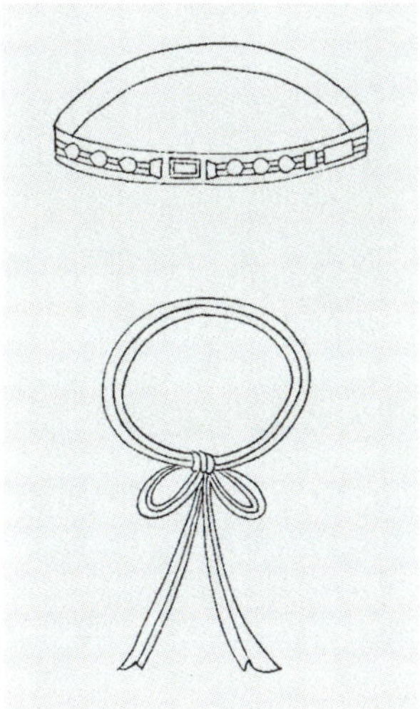

《五禮儀》云:“革帶，二品以上用金，三品至四品用銀，五品以下用銅。大帶以赤、白羅，合而縫之。”

綬

《五禮儀》云:“綬, 二品以上以黃、綠、赤、紫四色。【三品同, 四品至六品黃、綠、赤三色, 七品以下黃、綠二色。】絲織成雲鶴,【三品盤雕, 四品至六品練鵲, 七品以下鸂鶒。】花錦下結青絲網, 施以雙金環。【三品至四品用銀環, 五品以下用銅環。】”

佩

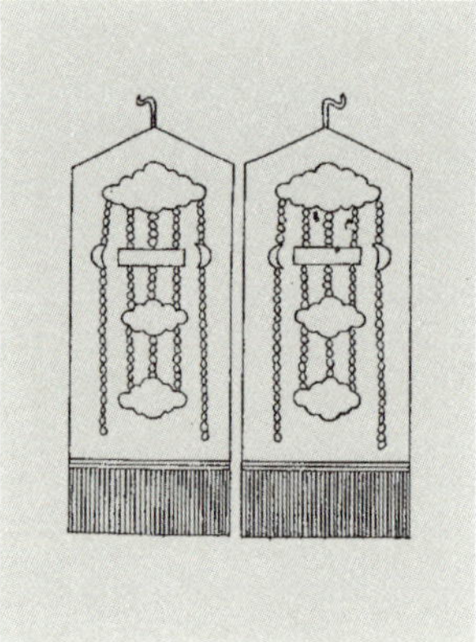

《五禮儀》云:“佩二。上設衡以銅鉤, 次以重衡, 中以琚瑀, 下有衝牙、雙璜在重衡之兩旁。又雙同在衝牙之兩旁, 穿以藥玉珠。其衡、琚瑀、雙璜、衝牙、滴子, 竝以珉玉。”

襪

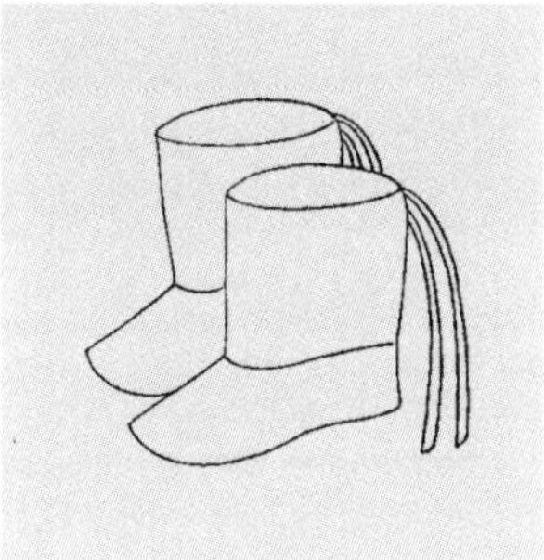

《五禮儀》云: "襪以白布爲之。"

履

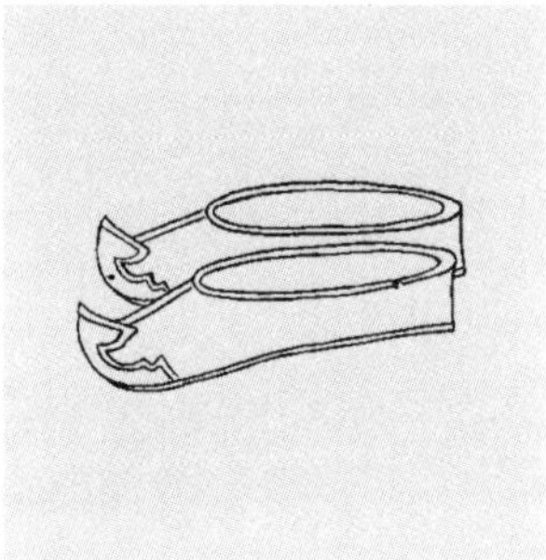

《五禮儀》云: "履以黑皮爲之。"

尺度圖說

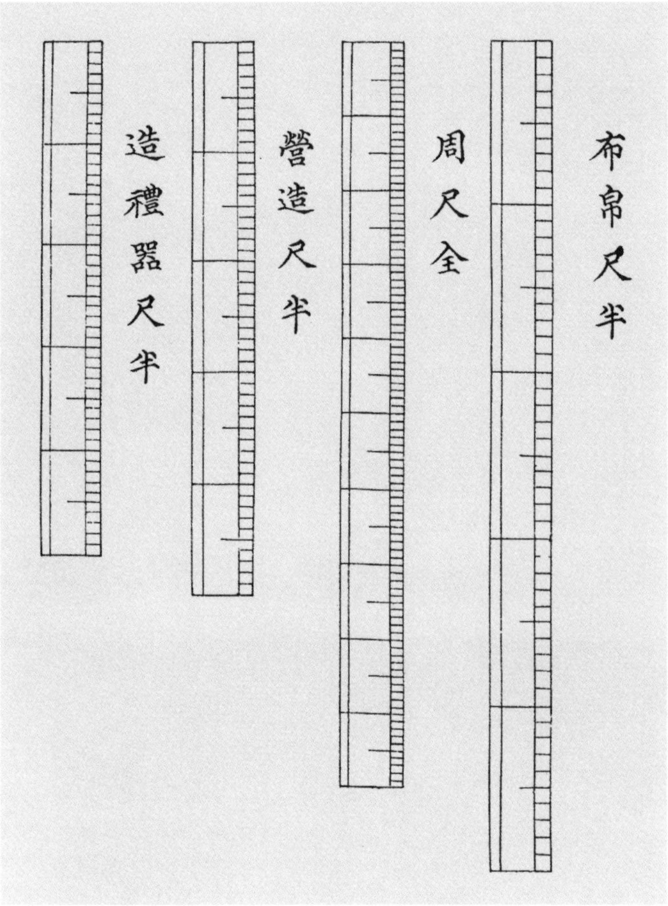

《五禮儀》云:“度之制，十釐爲分，十分爲寸，十寸爲尺，十尺爲丈。以周尺準黃鍾尺，則周尺長六寸六釐。以營造尺準黃鍾尺，則長八寸九分九釐。以造禮器尺準黃鍾尺，則長八寸二分三釐。以布帛尺準黃鍾尺，則長一尺三寸四分八釐。”

社稷署儀軌

卷之一 式例

社壇位版題式

正位,【北向】國社之神。
配位,【東向】后土氏之神。

稷壇位版題式

正位,【北向】國稷之神。
配位,【東向】后稷氏之神。

辨祀

大祀, 小祀祈告。【《五禮儀》】○大祀祈穀。【攝行則爲小祀。○《續五禮儀》】

時日

【觀象監前期三朔, 報禮曹。禮曹啓聞, 散告中外, 攸司隨職供辦。○《五禮儀》】

祀有常日者, 仲春、仲秋上戊及臘。【《五禮儀》】祈穀, 孟春上辛。【《續五禮儀》】○祀無常日者, 祈告、報祀。【水旱、疾疫、蟲蝗、戰伐則祈, 所祈迫切, 不卜日。○封冊、冠昏, 凡國有大事則告。○凡有修補, 則有先告事由, 移、還安祭。○凡祈有應則報, 祈水旱則待立秋後報。○《五禮儀》○祈雨祭, 例四次社稷, 十次復社稷。○舊《太常志》】

祝版

【祝版以松木爲之。長一尺二寸，廣八寸，厚六分。用造禮器尺，典校署預備。○凡祈告、報祀，先告事由，移、還安祭，祝詞則臨時撰。○《五禮儀》】

維年號幾年歲次某甲某月某朔某日干支，朝鮮國王姓諱，【攝行則曰謹遣臣具官某。】敢昭告于【以上四位幷同。】

國社之神：伏以德鉅載物，功崇立民，冀右享之，茀祿來申。謹以牲、幣、醴齊、粢盛、庶品，式陳明薦，以后土句龍氏，配神作主。尙饗。

右國社。

后土氏之神：伏以職專司土，載育萬物，是虔享祀，介以景福。謹以牲、幣、醴齊、粢盛、庶品，式陳明薦，作主侑神。尙饗。

右后土氏。

國稷之神：伏以食爲民天，百穀用成，神其降監，黍稷惟馨。謹以牲、幣、醴齊、粢盛、庶品，式陳明薦，以后稷氏，配神作主。尙饗。

右國稷。

后稷氏之神：伏以誕播嘉穀，群黎徧毓，顧予吉蠲，申錫戩穀。謹以牲、幣、醴齊、粢盛、庶品，式陳明薦，作主侑神。尙饗。

右后稷氏。

雅樂

【迎神，進饌，文舞退、武舞進，亞獻、終獻，送神，軒架；奠幣，初獻，徹籩豆，登歌。】

迎神，奏《順安之樂》。【林鍾宮，蕤賓宮，應鍾宮，蕤賓宮。】

奠幣，奏《肅安之樂》。【應鍾宮】

進饌，奏《雍安之樂》。【太簇宮】

初獻，奏《壽安之樂》。【應鍾宮】

文舞退、武舞進，《舒安之樂》。【太簇宮】

亞獻、終獻，奏《壽安之樂》。【太簇宮】

徹籩豆，奏《雍安之樂》。【應鍾宮】

送神，奏《順安之樂》。【林鍾宮 ○竝《文獻備考》。】

樂章

【軒架無詞，登歌有詞。○《五禮儀》】

奠幣

坤厚載物，其大無外。立我烝民，萬世永賴。有儼其壇，有椒其馨。惟恭奉幣，我祀孔明。

國社初獻

至哉坤元，克配彼天。含弘光大，萬物載焉。克禋克祀，式禮莫愆。降福簡簡，於萬斯年。【后土同。】

國稷初獻

誕降嘉種，務兹稼穡。百穀用成，群黎徧德。我祀如何，其儀不忒。有相之道，介以景福。【后稷同。】

徹籩豆

謂地蓋厚，品物咸亨。稼穡惟寶，永觀厥成。徹我籩豆，祀事孔明。綏以多福，壽考攸寧。

牲牢

大祀用大牢，【牛一，羊一，豕一。】加羊三、豕三。【攝事，不加羊。○《五禮儀》○今加用豕一，以供薦俎豚拍之用。】○祈告、報祀，用豕一。【先告事由，移、還安祭同。○《五禮儀》○英宗甲午，因傳教，用豕二事，定式。】

幣帛

幣帛以黑，長一丈八尺，【用造禮器尺。】用苧布。【《五禮儀》】國社、后土、國稷、后稷，各黑幣一。每一端，十一尺六寸七分。【用造禮器尺。○《續五禮儀》】

祭物

【祈穀親行, 與春秋享同; 攝行, 與祈告同。○《續五禮儀》】

每一位, 飯四色, 餠六色, 醢四色, 菹三色, 果五色, 脯五條, 大口魚三尾, 竹筍一豆, 鹽一籩, 鉶羹三器, 牛、羊、豕生肉各一匣, 薦俎三色各一匣, 豚拍一豆, 脾析一豆, 酒三爵。【舊《太常志》】 ○祈告, 每一位, 飯同上。果、脯、菹、醢各一器, 豕生肉一匣, 酒一爵。【舊《太常志》 ○奉常寺祭物單子: 粉餈餠, 白米一斗八升。糗粈餠, 白米一斗六升。兩餠, 入太八升。糝食, 白米一斗二升, 入粘米二升, 眞油一升二合八夕。酏食, 白米二升, 入酒二升。白餠, 白米一斗六升。黑餠, 唐黍米二斗二升。飯, 粳米、黍米、稷米各一斗八升, 粘粟米二斗四升。中脯二貼。大口魚十二尾。菱仁、芡仁、黃栗、榛子、大棗各六升。菁菹、芹菹、韭菹各六升。醴酒十八甁。鹽、竹筍各六升。鹿醢、醓醢各六斤。兔醢四口。魚醢四尾。生薑四兩八錢。芥子四合。醋二合八夕。鉶羹十二器, 入菁根三十六箇, 艮醬二升八合, 鹽一升二合, 醋一合二夕。黑幣四端。五兩燭十二丁, 若親祭則四兩燭八丁, 五兩燭四丁, 八兩燭二丁, 照燭一丁。照燈, 黃法蜜六兩, 油六合。○祈告祭物單子: 飯、幣同上。果、脯、菹、醢各一器。斗升、斤兩, 竝同上。酒六甁。小蜜燭十二丁。】

祭器

大祀, 每一位, 籩十二, 豆十二, 鉶三, 簠二, 簋二, 俎六, 爵三, 篚一。【《五禮儀·圖》】 ○祈告, 每一位, 籩二, 豆二, 簠二, 簋二, 俎一, 爵一, 篚一。【《五禮儀·圖》】

齋官

【凡以本官行事, 執事者有故, 則以他官充。獻官、進幣爵酒官、奠幣爵酒官、薦俎官、禮儀使、執禮, 皆有預差。執禮、大祝, 竝文官。○《五禮儀》】

親祭

亞獻官。【王世子】 終獻官。【領議政, 有故則次官。】 進幣爵酒官。【吏曹判書, 有故則參判。】 薦俎官。【戶曹判書, 有故則參判。】 奠幣爵酒官。【吏曹參議】 典祀官。【奉常寺正, 有故則副正。】 執禮二。【壇上, 三品堂上官, 壇下, 四品。】 壇司。【本署令, 有故則次官。】 四位: 大祝各一,【知製敎, 四品以上。】 祝史各一,【四品】 齋郎各一,【五品】 執尊各一,【六品】 捧俎官各三。【參外】 掌牲令。【典牲署主簿, 有故則直長。】 協律郎。【掌樂院官】 爵洗位。【六品】 盥洗位二。【六品】 亞獻官盥洗位。【參外】 終獻官盥洗位。【參外 ○領議政爲亞獻官, 則不別設。】 贊者二。【通禮院官】 謁者二。【六品】 贊引二。【一六品, 一參外。】 監察二。 禮儀使。【禮曹判書, 有故則參判。】 近侍四。【承旨】 左、右通禮。【禮儀使以下應奉官。】 奉禮。【王世子侍從官 ○《五禮儀》】

攝事

初獻官。【正一品】 亞獻官。【正二品】 終獻官。【從二品】 薦俎官。【三品堂上官】 典祀官。【奉常寺正, 有故則副正。】 執禮二。【壇上三品, 壇下五品。】 壇司。【本署令, 有故則次官。】 大祝二。【六品】 四位: 祝史各一,【參外】 齋郎各一,【參外】 捧俎官各三。【參外】 掌牲令。【典牲署主簿, 有故則直長。】 協律郎。【掌樂院官】 贊者。【參外】 謁者。【參外】 贊引。【參外】 監察。【《五禮儀》】

祈告

獻官。【二品】 典祀官。【奉常寺僉正以下官。】 壇司。【本署令, 有故則次官。】 大祝。【參外】 祝史。【參外】 齋郎。【參外】 贊者。【參外】 謁者。【參外】 監察。【《五禮儀》 ○祈穀親祭時齋官, 與春秋大祭同。 ○《續五禮儀》 ○今祈穀, 雖非親行, 獻官正一品。】

職官

【附吏屬】

太祖元年, 置社稷壇直二人, 後改爲社稷署, 掌灑掃壇壝。有都提調一員, 議政兼, 提調一員, 令一員, 參奉二員。肅宗三十年, 改參奉爲直長、奉事各一員。英宗元年, 改奉事爲令, 其一, 以文臣差。吏屬: 書員一人, 庫直一名, 守僕八名, 使令五名, 軍士七名。【《文獻備考》 ○部將一員守直。】

社稷署儀軌

卷之二 儀節

親祭儀

時日【見式例。】

齊戒【《五禮儀》】

前祭八日，禮曹啓聞請齊戒。殿下散齊四日於別殿，致齊三日，二日於正殿，一日於齊宮。【世子侍講院，前期請散齊於別堂，致齊於正堂及齊所。】凡散齊，不弔喪問疾，不聽樂，有司不啓刑殺文書。致齊，惟啓祭事。前祭七日，應行事執事官及陪祭宗親、文武百官，【攝事無殿下齊儀及陪祭官。】俱以公服受誓戒於議政府。其日未明七刻，通禮院設位。終獻官在北南向，【攝事則初獻官。】進幣爵酒官、薦俎官、奠幣爵酒官在南北向西上，【奠幣爵酒官稍却。若領議政爲亞獻官，則終獻官以下在南。攝事則亞獻官以下在南。】監察在西東向北上。禮儀使以下諸祭官在東西向，俱每等異位，重行北上。陪祭官在南北向，文東、武西，每等異位，重行相對爲首。五刻，引儀分引陪祭官及諸祭官就位，引終獻官就位。贊儀就終獻官之左，西向立，代讀誓文曰："今年某月某日，殿下【攝事，不稱殿下。】祭于社稷。凡行事執事官及陪祭宗親、文武百官，不縱【英宗丙寅，命改縱爲飮。】酒，不茹葷，【葱、韭、蒜、薤】不弔喪問疾，不聽樂，不行刑，不判署刑殺文書，不預穢惡事，各揚其職。其或有違，國有常刑。"讀訖，贊儀唱："再拜。"在位者皆再拜乃退。凡諸享官及近侍之官應從升者，竝散齊四日，宿於正寢。致齊三日：二日於本司，一日於祭所。陪祭官及諸衛之屬守衛壝門者，【每門護軍二人，每隅隊長一人。攝事則竝隊長。】各於本司，淸齊一宿。工人、二舞，淸齊一宿於禮曹。前致齊一日，終獻官以下，竝集議政府肄儀，前祭一日質明，竝集祭所。

親臨誓戒【《續五禮儀》。參今儀。】

前二日，禮曹宣攝內外，各供其職。前一日，掖庭署設殿下版位於仁政殿階上當中近北南向，設香案於其前。典儀設讀誓文位於殿階上近東西向，刑判【○今儀作“刑曹判書”。】位於讀誓文位之南西向，設亞獻官、終獻官、諸執事拜位於殿庭道東，每等異位，重行北向西上。陪享文官一品以下位於享官之後，俱每等異位，重行北向。宗親及武官一品以下位於殿庭道西，當文官，俱每等異位，重行北向，相對爲首。監察位於文武班末，東西相向。設門外位如常。階上典儀位於東階上近東西向，左、右通禮及階下典儀位於東階下近東西向，贊儀、引儀在南差退。又設贊儀、引儀位於西階下近西東向，俱北上。鼓初嚴。兵曹勒諸衛陳鹵簿儀仗於正階及殿庭東西，列軍士竝如式。司僕寺正【○今儀，此下有“進輿於閤外”五字。】陳輿輦於殿庭中道，【小輿在北，大輦次之。】御馬於中道左右。諸享官及宗親、文武百官，俱集朝堂，各服其服。【四品以上朝服，五品以下常服。】鼓二嚴。諸享官及宗親、文武百官，皆就門外位。諸護衛之官及司禁，各具器服，俱詣閤外伺候。左通禮詣閤外俯伏跪啓請中嚴，殿下具遠遊冠、絳紗袍，御內殿。繖扇、侍衛如常儀。【○今儀，此下有“近侍及執事官先行四拜禮如常儀”十四字。】鼓三嚴。鼓聲止，闢內外門。引儀分引諸享官及宗親、文武百官，入就拜位。左通禮俯伏跪啓外辦，殿下乘輿以出。繖扇、侍衛如常儀。左、右通禮導殿下至降輿所。左通禮進當輿前俯伏跪啓請降輿，俯伏興，退復位。殿下降輿。左通禮俯伏跪啓請執圭，近侍跪進圭，殿下執圭。左、右通禮前導至版位，南向立。近侍分入左右俯伏，史官在其後。典儀曰：“四拜。”贊儀唱：“鞠躬、四拜、興、平身。”諸享官及宗親、文武百官，鞠躬、四拜、興、平身。讀誓文官【冢宰】及刑判【○今儀作“刑曹判書”。】陞自東階，就讀誓文位，西向立。讀誓文【誓文見上。】訖，讀誓文官及刑判，【○今儀作“刑曹判書”。】皆降復位。典儀曰：“四拜。”

贊儀唱："鞠躬、四拜、興、平身。"諸享官及宗親、文武百官，鞠躬、四拜、興、平身。左通禮進當版位前俯伏跪啓請還內。又啓請釋圭，殿下釋圭，近侍跪受圭。左通禮啓請乘輿，殿下乘輿還內。繖扇、侍衛如來儀。引儀分引諸享官及宗親、文武百官，以次出。【英宗己未，始行此儀於社稷及宗廟親祭時。】

陳設【《五禮儀》。參今儀。】

前祭三日，典設司設大次於壇西門之外道北南向，侍臣次於大次之後南向，設王世子次於大次西南東向，設諸祭官次於齊坊之內，陪祭官次於其前，【○今儀，此下有"俱北向"三字。】隨地之宜。前二日，壇司帥其屬，掃除壇之內外。典設司設饌幔於西門之外。典樂帥其屬，設登歌之樂於壇北，軒架於北門內，俱南向。前一日，典祀官、壇司各帥其屬，設國社、國稷神座各於壇上南方北向，設后土氏神座於國社神座之左，后稷氏神座於國稷神座之左，俱東向，席皆以莞。執禮設殿下版位於北門內當壇南向，【○今儀，此下有"設小次於拜位之側，隨地之宜"十二字。】飮福位於國稷壇上神座之東北南向。贊者設亞獻官、終獻官、進幣爵酒官、薦俎官、奠幣爵酒官位於西門內道北，執事者位於其後，每等異位，俱重行東向南上。監察位二於北門內：一於東北隅西向，一於西北隅東向。執禮位二：一於北壝門內，一於北壝門外，俱近西東向。贊者、謁者、贊引位於【○今儀，此下有"北"字。】壝門外執禮之後稍北東向南上。協律郞位於國社壇下近東西向。典樂位於軒懸之南南向。設陪祭官位，文官一品以下於西門內祭官之後稍北，每等異位，俱重行東向南上。宗親及武官一品以下於東門內稍北，當文官，每等異位，俱重行西向南上。設門外位，諸祭官於西門外道南，文官一品以下於祭官之西少南，每等異位，俱重行北向東上。宗親及武官一品以下於東門外道北，每等異位，俱重行南向西上。設望瘞位於瘞坎之南，亞獻官在南北向，【○今儀，自"望瘞"止"北向"，作"殿下望燎位於瘞坎之南，殿下在南北向"。】執禮、贊者、大祝在西，重行東向北上。祭日未行事前，典祀官、壇司各帥其屬，入奠祝版各一於神位之右，【各有坫。】陳幣篚各一於尊所，設香爐、香合、幷燭於神位之前，次設祭器如式。設福酒爵、【有坫。】胙肉俎各一於國社、國稷尊所，又設國社俎一於饌幔內。設御洗於北壝門外西北南向，亞、終獻洗，又於西北，俱南向。【盥洗在西，爵洗在東。御洗及亞獻洗有槃匜，若領議政爲亞獻，則與終獻同洗，無槃匜。】俱罍在〔洗〕[1]西加勺，篚在洗東，北肆，實以巾。【若爵洗之篚，則又實以爵。有坫。】諸執事盥洗於亞、終獻洗西北南向。執尊、罍、篚、冪者位於尊、罍、篚、冪之後。

親傳香祝【《五禮儀》。參今儀。】

前祭一日未明五刻，掖庭署設殿下褥位於思政殿月廊南階下當中南向，【○今儀，自"思政殿"止"南向"，作"仁政殿月臺南向"。】設香祝案於其前近西東向。【○今儀，此下有"又設香祝祗送位於殿東階下近東西向"十六字。】兵曹陳鹵簿細仗及香亭於勤政門外。【○今儀，自"兵曹"止"門外"，作"兵曹勒所部陳仗衛如常"。】三刻，諸齋官以時服俱集朝堂。【○今儀，自"三刻"止"朝堂"，作"承旨、史官依時刻集到，各服黑團領，俱詣闕[2]外伺候。前三刻，諸齋官各服黑團領，俱集朝堂。前一刻，左通禮詣閤外跪啓請中嚴。少頃，又啓外辦"。】殿下具翼善冠、衮龍袍，【○今儀，此下有"乘輿以出。繖扇、侍衛如常儀。左、右通禮前導至降輿所，左通禮跪啓請降輿，殿下降輿"三十三字。○註云："若於便殿行之，則無乘降輿儀。"】卽座。【○今儀，此下有"繖扇、侍衛如常儀"七字。】典校署官以祝版捧進，近侍傳捧以進。【若竝傳則以次捧進。○今儀，自"典校署"止"傳捧以進"，作"香室官黑團領，捧香祝跪進，近侍傳捧跪進"。○註云："近侍，禮房承旨。"】殿下署訖，【○今儀作

1 **洗** 底本에는 없는데, 《國朝五禮儀·吉禮·春秋及臘祭社稷儀》와 《春官通考·吉禮·春秋及臘祭社稷儀》에 근거하여 보충함.

2 **闕** 底本에는 "閤"으로 되어 있는데, 《春官通考·吉禮·春秋及臘祭社稷儀》에 근거하여 수정함.

"親押訖"。】近侍捧祝版及香，權置於案。一刻，引儀引初獻官，詣思政殿閤外。【○今儀，自"引儀"止"閤外"，作"引儀引獻官，陞就月臺"。】時至，左通禮入於褥位之左俯伏，殿下出就褥位，南向立。【○今儀，自"殿下"止"南向立"，作"殿下於褥位，南向立"。】初獻官【○今儀無"初"字。下同。】入。【竝傳則諸初獻官以次入。】左通禮跪啓請跪，殿下跪。近侍以【○今儀，"以"作"捧"。】香祝東向跪進，殿下受香祝，以授初獻官，初獻官西向跪受興。【竝傳則先受者，立於門內西向，以次而北。】左通禮啓請興、鞠躬，殿下興、鞠躬，香祝由中門出。左通禮啓請平身，殿下平身。【○今儀，自"左通禮啓請興"止"殿下平身"，作"左通禮跪啓請興，殿下興。左、右通禮導殿下降就階下祇送位，西向立。繖扇、侍衛如常儀。獻官捧香祝，由正階出。左通禮跪啓請鞠躬，殿下鞠躬。過則啓請平身，殿下平身"。】還內。初獻官出勤政門外，置香祝於香亭中。細仗前導，香亭次之，亞獻官以下，隨初獻官，出闕門外上馬。至齊坊門外，下馬入就齊所，香祝安於卓上。【○今儀，自"還內"止"卓上"，作"獻官出仁政門，奉香祝於香亭中。細仗前導，左、右通禮導殿下還內"。○若不親傳，則典校署官具香祝以進，承旨於外庭代傳。】

車駕出宮【《五禮儀》。參今儀。】

前出宮【○今儀無"出宮"二字。】三日，攸司宣攝內外，各供其職。前祭二日，掌樂院展軒懸之樂於勤政殿【○今儀作"仁政殿"。】庭近南北向。【駕出，懸而不作。○今儀作"出宮，陳而不作"。】典設司設王世子次於光化門【○今儀作"敦化門"。】外道東，近北西向。前祭一日，通禮院設王世子侍立位於光化門外【○今儀無"光化門外"四字。】次前西向，陪祭宗親、文武百官侍立位於王世子之南【○今儀，"王世子之南"作"敦化門外"。】相向北上。【文官在東，武官在西。】世子翊衛司勒所部陳仗衛如常。宮官依時刻集到,【○今儀無"集到"二字。】各具其服。【文官朝服，武官器服。】鼓初嚴。【三嚴節次，前一日，觀象監啓稟。後倣此。○今儀無此註。】兵曹勒諸衛陳大駕鹵簿於弘禮門【○今儀作“仁政門”。】外如常。陪祭官俱集朝房，各具朝服。【諸祭官先詣祭所。】宮官就宮門外，分左右相向北上。翊贊負印如式，侍從【○今儀作“陪從”。】之官，【翊衛二人佩劍，司禦二人佩弓矢。】詣閤外奉迎。弼善詣閤外，【○今儀無“詣閤外”三字。】跪贊請內嚴。鼓二嚴。諸衛各督其隊，入陳於殿庭。司僕寺正進輦於勤政門【○今儀作“仁政門”。】外，進輿於思政殿【○今儀作“宣政殿”。】閤外，俱南向。陪祭官出就侍立位。弼善跪白外備，王世子具服出。【○今儀，“具服出”作“具遠遊冠、絳紗袍以出”。】弼善【○今儀作“相禮”。】引就光化門【○今儀作“敦化門”。】外次。侍衛【○今儀作“陪衛”。】如常。侍臣【堂下官職帶經筵、春秋館、知製敎及司憲府、司諫院、通禮院者。後倣此。○今儀無此註。】詣勤政殿【○今儀作“仁政殿”。】西階下，分左右立奉迎。諸護衛之官【兵曹、都摠府堂上官，五衛將，內禁衛將，兼司僕將，佩雲劍中樞四，捧甲上護軍、捧胄上護軍各一，捧弓矢上護軍十二，兼司僕之類。後倣此。○今儀無此註。】及司禁各具器服，尙瑞院官捧寶，俱詣思政殿【○今儀作“宣政殿”。】閤外伺候。左通禮詣閤外俯伏跪啓請中嚴。鼓三嚴。弼善【○今儀作“相禮”。】引王世子出次，就侍立位。鍾聲止，【○今儀作“鼓聲止”。】闢內外門。左通禮俯伏【○今儀無“俯伏”二字。】跪啓外辦，殿下具遠遊冠、絳紗袍，乘輿以出。繖扇、侍衛如常儀。左、右通禮前導，降自西階，侍臣夾侍駕前如常。【○今儀無“降自西階”以下十二字。】尙瑞院官捧寶前行，【待乘輦，以寶載馬。】駕至勤政門【○今儀作“仁政門”。】外，左通禮進當輿前俯伏【○今儀無“進當輿前俯伏”六字。】跪啓請降輿乘輦，俯伏興，退復位。【凡左通禮啓請，皆進當駕前俯伏跪啓請訖，俯伏興，退復位。○今儀無“俯伏興，退復位”六字。○亦無註。】殿下降輿乘輦，【○今儀，此下有“左通禮跪啓請執圭，近侍跪進圭，殿下執圭”十七字。】左通禮【○今儀，此下有“跪”字。】啓請駕【○今儀無“駕”字。】進發。駕動，左、右通禮夾引以出。【○今儀無“左、右通禮夾引以出”八字。】贊儀二人在通禮之前，仗衛導從如常。駕出【○今儀作“駕至”。】

光化門【○今儀作"敦化門"。】外，王世子鞠躬，過則平身。至侍臣上馬所，左通禮啓請駕小駐，教侍臣上馬，退稱侍臣上馬。【○今儀無"退稱侍臣上馬"六字。】贊儀傳唱，諸侍衛之官各督其屬，左右翊駕。侍臣上馬畢,【○今儀，自"諸侍衛"止"上馬畢"，作"侍衛之官及侍臣上馬畢"。】左通禮啓請駕【○今儀無"駕"字。】進發。駕動，不鳴鼓吹，不得喧譁。【○今儀無"不鳴鼓吹，不得喧譁"八字。○註云："鼓吹不作。"】宗親、陪祭官【○今儀作"宗親、文武百官"。】鞠躬，過則平身。【○今儀，此下有"王世子至，鞠躬，過則平身"十字。】王世子及陪祭之官【○今儀無"王世子及陪祭之官"八字。】以次侍衛，在玄武隊之後如常儀。【○今儀無"在玄武隊之後如常儀"九字。】駕將至齊宮【○今儀作"社稷"。】大門外侍臣下馬所，左通禮啓請駕小駐，侍臣皆下馬分立。【○今儀，"侍臣皆下馬分立"作"侍臣下馬畢"。】左通禮啓請駕【○今儀無"駕"字。】進發。駕動，侍臣鞠躬，過則平身。駕至大門外,【○今儀，此下有"左通禮跪啓請釋圭，殿下釋圭，近侍跪受圭"十七字。】左通禮【○今儀，此下有"跪"字。】啓請降輦乘輿，殿下降輦乘輿【○今儀，此下有"左、右通禮前導由東門"九字。】以入。繖扇、侍衛如常儀。初駕將至，謁者引諸祭官,【具朝服。】立於齊宮門外道左西向南上，望駕鞠躬奉迎。左、右通禮前導至齊宮，侍臣從至齊宮前乃退，其大駕鹵簿停於大門外。奉禮引王世子，引儀分引諸祭官及陪祭官，集齊宮之南。【文東、武西。】贊儀稟旨，教群官各就次。宿衛如常。【○今儀，自"初駕將至"止"宿衛如常"，作"駕至北神門外，左通禮跪啓請降輿，殿下降輿步過前路。左通禮跪啓請乘輿，殿下乘輿。左、右通禮前導至大次前，左通禮跪啓請降輿，殿下降輿。左、右通禮前導入大次"。】

親省牲器【○今儀】

前祭一日，執禮設牲榜於壇西門外當門東向北上。掌牲令位於東北南向，大祝位於牲西，各當牲後。祝史各在其後，俱東向。掖庭署設殿下省牲位於壇西門外近南北向，設王世子位於省牲位之後近西東向。執禮設終獻官以下諸祭官及禮曹判書位於王世子之後近南東向，設諸執事、監察位於其後，俱南上。典祀官設祭器位於壇上。【藉以席。】其日未後二刻，壇司帥其屬，掃除壇之內外。執事者以祭器入設於位，加以巾蓋。執尊、祝史、齋郎，俱以黑團領詣壇內，各立尊所。謁者、贊引，各引終獻官以下諸執事，【四品以上朝服，五品以下黑團領。】各就位。掌牲令【黑團領】帥其屬，牽牲就位。贊引引監察詣壇，升自西階，行掃除於上，降行樂懸於下。三刻，左通禮詣大次前俯伏跪啓請中嚴。相禮詣齊室前跪贊請【凡贊請，皆俯伏。】內嚴，少頃贊請出次，王世子具遠遊冠、絳[3]紗袍，出次就位。左通禮俯伏跪啓外辦，殿下具遠遊冠、絳[4]紗袍以出。左、右通禮前導，至西門外。【繖扇、侍衛不應入者，止於門外。】左通禮啓請執圭，近侍跪進圭，殿下執圭。左、右通禮前導以入，升自北陛，詣省器位，視滌濯。執事者擧羃告潔。【旣訖，權徹。】王世子隨參如常。省器訖，左、右通禮導殿下還出西門外，相禮引王世子還出。禮曹判書導殿下詣省牲位，北向立。繖扇、侍衛如常儀。相禮引王世子隨詣，禮曹判書進前俯伏跪啓請省牲，俯伏興，退立於位。掌牲令帥其屬，牽牲自西行過少進，南向跪擧手曰："腯。"還復位。大祝巡牲一匝，東向擧手曰："充。"俱還復位。殿下省牲訖，諸大祝與掌牲令，以次牽牲詣廚，授典祀官。禮曹判書導殿下還至大次前。禮曹判書跪啓請釋圭，殿下釋圭，近侍跪受圭。殿下入大次。相禮引王世子，還入齋室。贊引引禮曹判書詣廚，省鼎、鑊，申視滌漑。謁者引終獻官，監取明水、火。贊引引監察詣廚，省饌具訖，各還齋所。晡後一刻，典祀官帥宰人，以鑾刀割牲。祝史各以槃取毛血，置於饌所，遂烹牲。

3 絳 底本에는 "降"으로 되어 있는데, 奎章閣本에 근거하여 수정함.

4 絳 上同.

省牲器【《五禮儀》】

前祭一日，執禮設牲榜於西門外當門東向北上。掌牲令位於牲東北南向，大祝位於牲西，各當牲後，祝史各在其後，俱東向。終獻官位於牲前近南北向。【領議政爲亞獻官，則亞獻官省牲。攝事同。】監察位於終獻官之東北向差後。典祀官設祭器位於壇上。【皆藉以席。】未後二刻，壇司帥其屬，掃除壇之內外。執事者以祭器入設於位，加以巾蓋。三刻，終獻官以下應省牲器者，俱以常服就西門外。執禮帥贊者、謁者、贊引，先入壇下。掌牲令牽牲就位。贊引引監察，詣國社壇，升自西陛，行掃除於上。詣國稷壇，亦如之。降行樂懸於下訖，復位。謁者引終獻官，贊引引監察，詣國社[5]壇，升自西陛，視滌濯。執事者擧冪告潔。【旣訖，權徹。】詣國稷壇，亦如之。引降就省牲位。掌牲令少前曰："請省牲。"退復位。終獻官省牲。掌牲令又前，擧手曰："腯。"復位。諸大祝各巡牲一匝，東向擧手曰："充。"俱復位。諸大祝與掌牲令，以次牽牲詣廚，授典祀官。謁者引終獻官詣廚，省鼎、鑊，申視滌漑，監取明水、火。【取水於陰鑑，取火於陽燧。陰鑑未能猝辦，以井水代之。火以供爨，水以實尊。】贊引引監察詣廚，省饌具訖，各還齊所。晡後一刻，典祀官帥宰人，以鑾刀割牲。祝史各以槃取毛血，置於饌所，遂烹牲。【連皮煮熟，其餘毛血，盛以淨器，祭畢埋之。】壇司帥其屬，掃除壇之內外。

5 社 底本과 奎章閣本에는 "稷"으로 되어 있는데,《國朝五禮序例·吉禮·省牲器》에 근거하여 수정함.

奠幣【《五禮儀》。參今儀。】

祭日丑前五刻，【丑前五刻，卽三更三點，行事用丑時一刻。】典祀官、壇司入，實饌具畢，退就次，服其服。升設國社、后土氏、國稷、后稷氏神位版於座。贊引引監察詣國社壇，升自西陛。【諸執事升降，皆自西陛。】按視壇之上下，糾察不如儀者。詣國稷壇，亦如之，還出。

前三刻，諸祭官及陪祭官，各服其服。【祭官祭服，陪祭官朝服。○今儀註云："陪祭官四品以上朝服，五品以下常服。"】引儀分引陪祭官，俱就門外位。執禮帥贊者、謁者、贊引，入自西門，先就壇北懸南拜位，重行南向東上，【○今儀，此下有"立定"二字。】四拜訖，各就位。典樂帥工人、二舞入就位。【文舞入陳於懸南，武舞立於懸北道東。】引儀分引陪祭官入就位。奉禮【○今儀作"相禮"。】引亞獻官，【若領議政爲亞獻官，則謁者引。】謁者、【○今儀，此下有"引終獻官謁者"六字。】贊引各引諸祭官，俱就西門外位。左通禮就大次前跪啓請中嚴。贊引引監察、典祀官、大祝、祝史、齋郎、壇司、協律郎、捧俎官、執尊·罍·篚·冪者，入就懸南拜位，重行南向東上立定。執禮曰："四拜。"贊者傳唱。【凡執禮有辭，贊者皆傳唱。】監察以下皆四拜訖。贊引引監察就位，贊引引諸執事詣盥洗位，盥帨訖，各就位。前一刻，奉禮引亞獻官。謁者、贊引各引終獻官、進幣爵酒官、薦俎官、奠幣爵酒官，入就位。贊引引齋郎，詣爵洗位，洗爵拭爵訖，置於篚，捧詣尊所，置於坫上。【○今儀，此下有"三更五點"四字。】左通禮跪啓外辦，殿下具冕服以出。繖扇、侍衛如常儀。禮儀使導殿下至西門外，近侍跪進圭，禮儀使跪啓請執圭。【繖扇仗衛停於門外。○今儀，自"近侍"止"執圭"，作"禮儀使跪啓請執圭，近侍跪進圭，殿下執圭"。】禮儀使導殿下入自正門，【侍衛不應入者，止於門外。○今儀註云："近侍從入。"】詣版位，南向立。【每立定，禮儀使退俯伏於左。】執禮【○今儀，"執禮"上有"時至"二字。】曰："禮儀使啓請行事。"禮儀使跪啓："有司謹具，請行事。"執禮曰："瘞毛血。"大祝各瘞毛血於坎。協律郎跪俯伏擧麾興，【凡取物者，皆跪俯伏，而取以興，奠物則跪奠訖，俯伏而後興。】工鼓柷，軒架作《順安之樂》，《烈文之舞》作，樂七成。執禮曰："四拜。"禮儀使啓請四拜，殿下四拜，【○今儀，自"啓請"止"殿下四拜"，作"啓請鞠躬四拜興平身，殿下鞠躬四拜興平身"。】在位者皆四拜，【先拜者不拜。○今儀，"先拜"上註云："贊者亦唱。"】樂八成。協律郎偃麾，工戛敔，樂止。【凡樂皆協律郎跪俯伏擧麾興，工鼓柷而後作，偃麾戛敔而後止。】近侍詣盥洗位，盥帨訖，還侍位。謁者引進幣爵酒官、奠幣爵酒官，詣盥洗位，盥帨訖，詣國社尊所，南向立。執禮曰："行奠幣禮。"禮儀使導殿下詣盥洗位，南向立。啓請搢圭。【如搢不便，近侍承奉。○今儀，"啓請搢圭"作"禮儀使啓請搢圭，殿下搢圭"。○註："'承奉'下有'每倣此'三字。"】近侍跪取匜輿沃水，又近侍跪取槃承水。殿下盥手，近侍跪取巾於篚以進。殿下帨手訖，近侍受巾奠於篚。禮儀使啓請執圭。【○今儀，此下有"近侍跪進圭，殿下執圭"九字。】導【○今儀，"導"上有"禮儀使"三字。】殿下詣國社壇，升自北陛。【近侍從升。】登歌作《肅安之樂》，《烈文之舞》作。【○今儀，此下有"禮儀使導殿下"六字。】詣國社神位前，南向立。【○今儀，此下有"執禮曰跪"四字。】禮儀使啓請跪搢圭，殿下跪搢圭，在位者皆跪。【贊者亦唱。】近侍一人捧香合，一人捧香爐，跪進。禮儀使啓請三上香。【○今儀，此下有"殿下三上香"五字。】近侍奠爐于神位前。近侍以幣篚授進幣爵酒官，進幣爵酒官捧幣跪進。禮儀使啓請執幣獻幣,【○今儀，此下有"殿下執幣獻幣"六字。】以幣授奠幣爵酒官，奠于神位前。【進香進幣在西東向，奠爐奠幣在東西向。進爵奠爵準此。】禮儀使啓請執圭、俯伏興平身，殿下執圭，俯伏興平身，在位者皆俯伏興平身。【贊者亦唱。】導【○今儀，"導"上有"禮儀使"三字。】殿下詣后土氏神位前，西向立。【○今儀，此下有"執禮曰跪。禮儀使"七字。】啓請跪搢圭，殿下跪搢圭，在位者皆跪。【贊者亦唱。】近侍一人捧香合，一人捧香爐，跪進。禮儀使啓請三上香。【○今儀，此下有"殿下三上香"五字。】近侍奠爐于神位前。近侍以幣篚授進幣爵酒官，進幣爵酒官捧幣跪進。禮儀使啓請執幣獻幣,【○今儀，此下有"殿下執幣獻幣"六字。】以幣授奠幣爵酒官，奠于神位前。【進香進幣在北南向；奠爐奠幣在南北向。進爵奠爵準此。】禮儀使啓請執圭、俯伏興平身，殿下執圭，俯伏興平身，在位者皆俯伏興平身。【贊者亦唱。】登歌止。禮儀使導殿下降自北陛，詣國稷壇,【○今儀，此下有"搢圭"二字。】上香奠幣，竝如上儀訖。進幣爵酒官、奠幣爵酒官皆降復位。禮儀使導殿下降自北陛，復位。

進熟【《五禮儀》。參今儀。】

殿下旣升奠幣，贊引引典祀官出，帥進饌者詣廚。以匕升牛于鑊，實于一鼎，次升羊實于一鼎，次升豕實于一鼎。【每位，牛、羊、豕各一鼎。】皆設扃、冪，祝史對擧，入設於饌幔內。謁者引薦爼官出詣饌所，捧爼官隨之。俟殿下奠幣訖，復位，執禮曰："進饌。"祝史抽扃，委于鼎右，除冪，加匕、畢于鼎。典祀官以匕升牛，實于牲匣。次升羊、豕，各實于牲匣。【每位，牛、羊、豕各一匣。】次引薦爼官捧國社之爼，捧爼官各捧牲匣。典祀官引饌入，國社、國稷之饌，入自正門；配位之饌，入自左闥。爼初入門，軒架作《雍安之樂》。國社、國稷之饌，升自北陛；配位之饌，升自西陛。諸大祝迎引於壇上。薦爼官詣國社神位前，南向跪奠，先薦牛，次薦羊，次薦豕。【諸大祝助奠。】奠訖，啓牲匣蓋。次詣后土氏神位前，西向跪奠，先薦牛，次薦羊，次薦豕。【諸大祝助奠。】奠訖，啓牲匣蓋。薦爼官降自西陛。詣國稷壇升奠，竝如上儀訖，樂止。謁者引薦爼官以下，降自西陛復位。諸大祝還尊所。謁者引進幣爵酒官、奠幣爵酒官，詣國社尊所，南向立。執禮曰："禮儀使導殿下行初獻禮。"禮儀使導殿下詣國社尊所，東向立。登歌作《壽安之樂》，《烈文之舞》作。執尊者擧冪，進幣爵酒官酌醴齊，近侍以爵受酒。禮儀使導殿下升自北陛，詣神位前，南向立。【○今儀，此下有"執禮曰跪。禮儀使"七字。】啓請跪搢圭，殿下跪搢圭，在位者皆跪。【贊者亦唱。】近侍以爵授進幣爵酒官，進幣爵酒官捧爵跪進。禮儀使啓請執爵獻爵，【○今儀，此下有"殿下執爵獻爵"六字。】以爵授奠幣爵酒官，奠于神位前。禮儀使啓請執圭、俯伏興、少退南向跪，【○今儀，此下有"殿下執圭，俯伏興，少退南向跪"十二字。】樂止。大祝進神位之右，西向跪讀祝文訖，樂作。禮儀使啓請俯伏興平身，殿下俯伏興平身，在位者皆俯伏興平身，【贊者亦唱。】樂止。禮儀使導殿下降自北陛，詣后土氏尊所，東向立，樂作。執尊者擧冪，進幣爵酒官酌醴齊，近侍以爵受酒。禮儀使導殿下升自北陛，詣神位前，西向立。【○今儀，此下有“執禮曰跪。禮儀使”七字。】啓請跪搢圭，殿下跪搢圭，在位者皆跪。【贊者亦唱。】近侍以爵授進幣爵酒官，進幣爵酒官捧爵跪進。禮儀使啓請執爵獻爵，【○今儀，此下有“殿下執爵獻爵”六字。】以爵授奠幣爵酒官，奠于神位前。禮儀使啓請執圭、俯伏興、少退西向跪，【○今儀，此下有“殿下執圭，俯伏興，少退西向跪”十二字。】樂止。大祝進神位之右，北向跪讀祝文訖，樂作。禮儀使啓請俯伏興平身，殿下俯伏興平身，在位者皆俯伏興平身，【贊者亦唱。】樂止。禮儀使導殿下降自北陛，詣國稷壇升獻，竝如上儀訖。進幣爵酒官、奠幣爵酒官皆降復位。禮儀使導殿下降自北陛復位。【○今儀，此下有“執禮曰禮儀使導殿下入小次。禮儀使啓請入小次。導殿下將至小次前，禮儀使啓請釋圭，殿下釋圭，近侍跪受圭。殿下入小次”四十九字。】文舞退，武舞進。軒架作《舒安之樂》。舞者立定，樂止。初殿下將復位，執禮曰：“行亞獻禮。”奉禮【○今儀作“相禮”。下同。】引亞獻官，詣盥洗位，南向立，贊搢圭。【○今儀，此下有“若領議政爲亞獻官，則贊搢笏。下同”十四字。】亞獻官盥手帨手訖，贊執圭，【○今儀，此下有“謁者引亞獻官”六字。】引詣國社尊所，東向立。軒架作《壽安之樂》，《昭武之舞》作。執尊者擧冪酌盎齊，執事者以爵受酒。奉禮引亞獻官，升自西陛，【○今儀作“北陛”。下同。】詣神位前，南向立，贊跪搢圭。執事者以爵授亞獻官，亞獻官執爵獻爵，以爵授執事者，奠于神位前。奉禮贊執圭、俯伏興平身，引亞獻官，降自西陛，詣后土氏尊所，東向立。執尊者擧冪酌盎齊，執事者以爵受酒。奉禮引亞獻官，升自西陛，詣神位前，西向立，贊跪搢圭。執事者以爵授亞獻官，亞獻官執爵獻爵，以爵授執事者，奠于神位前。奉禮贊執圭、俯伏興平身，引亞獻官，降自西陛，詣國稷壇升獻，竝如上儀訖，樂止。引降復位。 亞獻官獻將畢，執禮曰：“行終獻禮。”謁者引終獻官行禮，竝如亞獻儀訖，引降復位。【○今儀，此下有“初終獻官旣復位”七字。】謁者引進幣爵酒官、薦俎官，升自西陛，詣飮福位，東向立。大祝各詣國社、國稷尊所，以爵酌上尊福酒，合置一爵。又大祝持俎進，減國社、國稷神位前胙肉，合置一俎。執禮曰："禮儀使導殿下詣飮福位。"【○今儀，此下有"禮儀使啓請詣飮福位，殿下出次。禮儀使啓請執圭，近侍跪進圭，殿下執圭"二十九字。】禮儀使導殿下升自北陛，詣飮福位，南向立。大祝以爵授進幣爵酒官，進幣爵酒官捧爵東向跪進。【○今儀，此下有"執禮曰跪"四字。】禮儀使啓請跪搢圭，殿下跪搢圭，在位者皆跪。【贊者亦唱。○今儀，此下有"禮儀使啓請受爵"七字。】殿下受爵飮訖。進幣爵酒官受虛爵，以授大祝，大祝受復於坫。大祝以俎授薦俎官，薦俎官捧俎東向跪進。禮儀使啓請受俎，殿下受俎，以授近侍。近侍捧俎，降自北陛出門，授司饔[6]院官。進幣爵酒官、薦俎官降復位。禮儀使啓請執圭、俯伏興平身，殿下執圭，俯伏興平身，在位者皆俯伏興平身。【贊者亦唱。】導【○今儀，導上有"禮儀使"三字。】殿下降復位。執禮曰："四拜。"禮儀使啓請四拜，殿下四拜，【○今儀，自"啓請"止"殿下四拜"，作"啓請鞠躬四拜興平身，殿下鞠躬四拜興平身"。】在位者皆四拜。【○今儀，此下註云："贊者亦唱。"】執禮曰："徹籩豆。"諸大祝進徹籩豆。【徹者，籩、豆各一，少移於故處。】登歌作《雍安之樂》，徹訖，樂止。軒架作《順安之樂》。執禮曰："四拜。"禮儀使啓請四拜，殿下四拜，【○今儀，自"啓請"止"殿下四拜"，作"啓請鞠躬四拜興平身，殿下鞠躬四拜興平身"。】在位者皆四拜，【○今儀，此下註云："贊者亦唱。"】樂一成止。禮儀使跪啓禮畢，導殿下還大次出門。禮儀使啓請釋圭，近侍跪受圭。繖扇、侍衛如常儀。殿下入大次釋冕服。【○今儀無"禮儀使跪啓"以下四十二字。】執禮曰："望瘞。"奉禮引亞獻官詣望瘞位，北向立。執禮帥贊者詣望瘞位，東向立。諸大祝取黍稷飯，藉用白茅束之，以篚取祝版及幣，各由其陛降壇，置於坎。執禮曰："可瘞。"置土半坎，壇司監視。奉禮引亞獻官，謁者、贊引各引諸祭官出。【○今儀，自"執禮曰望瘞"止"諸祭官出"，作"執禮曰望燎。執禮曰禮儀使導殿下詣望燎位。禮儀使導殿下詣國社壇望燎位，北向立。執禮帥贊者詣望燎位，東向立。大祝取祝幣，詣望燎位。執禮曰可燎。大祝以幣焚於爐。大祝又

6 饔 底本에는 "甕"으로 되어 있는데, 일반적인 용례에 근거하여 수정함.

取黍稷飯，藉用白茅束之，以篚取祝版，置於坎，置土半坎，壇司監視。禮儀使導殿下，仍詣國稷壇望燎位，如上儀。執禮曰啓禮畢。禮儀使跪啓禮畢。禮儀使導殿下出西門，禮儀使啓請釋圭，殿下釋圭，近侍跪受圭。繖扇、侍衛如常儀。禮儀使導殿下還大次釋冕服。謁者引亞獻官、終獻官，贊引各引諸祭官出"。】執禮帥贊者還本位，引儀分引陪祭官，以次出。贊引引監察及諸執事，俱復懸南拜位立定。執禮曰："四拜。"監察以下皆四拜訖。贊引以次引出。【○今儀，此下有"大祝仍就盥洗位盥帨"九字。】典樂帥工人、二舞出。執禮帥贊者、謁者、贊引就懸南拜位，四拜而出。【○今儀，此下有"大祝"二字。】典祀官、壇司各帥其屬，藏神位版，徹禮饌，以降乃退。

車駕還宮【《五禮儀》。參今儀。】

殿下既還齊宮，【○今儀作"齊殿"。】左通禮跪啓請解嚴。【將士不得輒離部伍。○今儀無此註。】殿下停齊宮，一刻頃，槌鼓爲初嚴。轉仗衛、鹵簿於還途，如來儀。【○今儀，自"殿下停齊宮"止"如來儀"，作"鼓初嚴。兵曹轉仗衛於還途"。】三刻頃，槌鼓爲二嚴。【○今儀，自"三刻頃"止"二嚴"，作"鼓二嚴"。】司僕寺正進輦於大門外，進輿於齊宮【○今儀作"齊殿"。】前，俱南向。引儀分引宗親及文武百官【具朝服。○今儀，自"引儀"止"百官具朝服"，作"宗親、文武百官仍朝服"。○註云："四品以上朝服，五品以下黑團領。"】出就【○今儀，此下有"夜晝介前路"五字。】侍立位。王世子具服出，【其贊內嚴白外備，侍衛竝如常。○今儀，"具服出"作"具遠遊冠、絳紗袍。"○註："侍衛"作"陪衛"。】弼善【○今儀作"相禮"。】引就外次，侍衛如常。【○今儀無"侍衛如常"四字。】侍臣詣齊宮【○今儀作"齊殿"。】前，分左右立奉迎。諸護衛之官及司禁，各具器服，尙瑞院官捧寶，俱詣齊宮【○今儀作"齊殿"。】前伺候。左通禮跪啓請中嚴。五刻頃，槌鼓爲三嚴。【○今儀，自"五刻頃"止"三嚴"，作"鼓三嚴"。】弼善【○今儀作"相禮"。】

引王世子出次，就侍立位。左通禮跪啓外辦，殿下具遠遊冠、絳紗袍，乘輿【○今儀無"乘輿"二字。】以出。【○今儀，此下有"左通禮跪啓請乘輿，殿下乘輿"十二字。】繖扇、侍衛如常儀。左通禮前導，侍臣夾侍如常，【○今儀無"左通禮"以下十一字。】尙瑞院官捧寶前行。駕至大門外，【○今儀，"駕至大門外"作"左通禮前導至神門外，左通禮跪啓請降輿，殿下降輿步過前路。左通禮跪啓請乘輿，殿下乘輿。左、右通禮前導至大門外"。】左通禮進當輿前俯伏【○今儀無"進當輿前俯伏"六字。】跪啓請降輿乘輦，俯伏興，退復位。【○今儀無"俯伏興，退復位"六字。】殿下降輿乘輦，【○今儀，此下有"左通禮跪啓請執圭，近侍跪進圭，殿下執圭"十七字。】左通禮【○今儀，此下有"跪"字。】啓請駕【○今儀無"駕"字。】進發。駕動，左、右通禮夾引以出。贊儀二人在通禮之前，仗衛導從如常儀。王世子鞠躬，過則平身。駕至侍臣上馬所，左通禮【○今儀，此下有"跪"字。】啓請駕小駐，敎侍臣上馬退，稱侍臣上馬。贊儀傳唱，【○今儀，此下有"侍臣上馬"四字。】諸侍衛之官各督其屬，左右翊駕，【○今儀無"各督其屬，左右翊駕"八字，有"及"字。】侍臣上馬畢。左通禮啓請駕【○今儀無"駕"字。】進發。駕動，鼓吹振作。宗親、文武百官鞠躬，過則平身。【○今儀，此下有"王世子至，鞠躬，過則平身"十字。】王世子及宗親、文武百官，以次侍衛，如來儀。駕至景福宮門外侍臣下馬所，左通禮啓請駕小駐，侍臣皆下馬分立。左通禮啓請駕進發。駕動，侍臣鞠躬，過則平身。【○今儀無"駕至景福宮"以下四十五字。】駕至勤政門外，【○今儀，"駕至勤政門外"作"駕至仁政門"。】鼓吹止，分立。【○今儀無"分立"二字。】左通禮【○今儀，此下有"跪"字。】啓請降輦乘輿，殿下降輦乘輿以入。工鼓柷，【○今儀，"工鼓柷"作"軒架"。】樂作。繖扇、侍衛如常儀。左、右通禮前導至閤，工戛敔，樂止。侍臣從至殿庭乃退。【○今儀，自"至閤"止"乃退"，作"還內，樂止。左通禮跪啓解嚴。兵曹承敎放仗"。】

攝事儀

【《五禮儀》。參今儀。】

時日【見式例。】

齊戒【見上。】

陳設

前祭二日，壇司帥其屬，掃除壇之內外。典設司設饌幔於西門之外。前一日，典樂帥其屬，設登歌之樂於壇北，軒架於北門內，俱南向。典祀官、壇司各帥其屬，設國社、國稷神座各於壇上南方北向，后土氏神座於國社神座之左，后稷氏神座於國稷神座之左，俱東向，席皆以莞。執禮設初獻官位於北門內道西南向，飮福位於國稷壇上神座之東北南向。設亞獻官、終獻官、薦俎官位於西門內道北，執事者位於其後，每等異位，俱重行東向南上。監察位於北門內西北隅東向，書吏陪其後。執禮位二：一於北壝門內，一於北壝門外，俱近西東向。贊者、謁者、贊引位於壝門外執禮之後稍北東向南上。協律郎位於國社壇下，近東西向。典樂位於軒懸之南南向。設諸祭官門外位於西門外道北，每等異位，重行南向東上。設望瘞位【○今儀，“瘞”作“燎”。下同。】於瘞坎之南，初獻官在南北向，執禮、贊者、大祝在西，重行東向北上。祭日未行事前，典祀官、壇司各帥其屬，入奠祝版各一於神位之右，【各有坫。】陳幣篚各一於尊所，設香爐、香合、竝燭於神位前，次設祭器如式。設福酒爵、【有坫。】胙肉俎各一於國社、國稷尊所，又設國社俎一於饌幔內，設洗於北壝門外西北南向。【盥洗在西，爵洗在東。】罍在洗西加勺，篚在洗東，北肆，實以巾。【若爵洗之篚，則又實以爵。有坫。】諸執事盥洗於獻官洗西北南向，執尊、罍、篚、冪者位於尊、罍、篚、冪之後。

傳香祝【見上。】

省牲器【見上。】

奠幣

祭日丑前五刻，【丑前五刻，卽三更三點，行事用丑時一刻。】典祀官、壇司入，實饌具畢，退就次，服其服。升設國社、后土氏、國稷、后稷氏神位版於座。贊引引監察詣國社壇，升自西陛，【諸執事升降，皆自西陛。】按視壇之上下，糾察不如儀者。詣國稷壇，亦如之，還出。前三刻，諸祭官各服其服。執禮帥贊者、謁者、贊引，入自西門，先就懸南拜位，重行南向東上，四拜訖，各就位。典樂帥工人、二舞入就位。【文舞入[7]陳於懸南，武舞立於懸北道東。】謁者、贊引各引諸祭官，俱就門外位。前一刻，贊引引監察、典祀官、大祝、祝史、齊郎、壇司、協律郎、捧俎官，入就懸南拜位，重行南向東上立定。執禮曰："四拜。"贊者傳唱。【凡執禮有辭，贊者皆傳唱。】監察以下皆四拜訖。贊引引監察就位，引諸執事詣盥洗位盥帨訖，各就位。齊郎詣爵洗位洗爵拭爵訖，置於篚，捧詣尊所，置於坫上。謁者引初獻官，贊引引亞獻官、終獻官、薦俎官，入就位。謁者進初獻官之左白："有司謹具，請行事。"退復位。執禮曰："瘞毛血。"大祝各

7 入 奎章閣本에는 "立"으로 되어 있음.

8 **偃** 底本과 奎章閣本에는 모두 "擧"로 되어 있는데,《樂書·樂圖論·麾》의 "樂將作則擧之, 止則偃之."에 근거하여 수정함.

瘞毛血於坎。協律郎跪俯伏擧麾興，工鼓柷，軒架作《順安之樂》，《烈文之舞》作，樂七成。執禮曰："四拜。"在位者皆四拜,【先拜者不拜。】樂八成。協律郎偃[8]麾，工戞敔，樂止。執禮曰："行奠幣禮。"謁者引初獻官詣盥洗位，南向立。贊搢笏。初獻官盥手帨手訖。贊執笏，引詣國社壇，升自北陛。登歌作《肅安之樂》，《烈文之舞》作。詣國社神位前南面立，贊跪搢笏。執事者，一人捧香合，一人捧香爐，跪進。謁者贊三上香。執事者奠爐于神位前。大祝以幣篚授初獻官。初獻官執幣獻幣，以幣授大祝，奠于神位前。【凡捧香授幣皆在獻官之右，奠爐奠幣皆在獻官之左。授爵奠爵準此。】謁者贊執笏、俯伏興平身，引詣后土氏神位前，西向立，贊跪搢笏。執事者，一人捧香合，一人捧香爐，跪進。謁者贊三上香。執事者奠爐于神位前。大祝以幣授初獻官，初獻官執幣獻幣，以幣授大祝，奠于神位前。謁者贊執笏、俯伏興平身。登歌止。謁者引初獻官，降自北陛，詣國稷壇，上香奠幣，竝如上儀訖，引降復位。

進熟

初獻官旣升奠幣，贊引引典祀官出，帥進饌者詣廚。以匕升牛于鑊，實于牲匣，次升羊、豕，各實于牲匣,【每位，牛、羊、豕各一匣。】入設於饌幔內。謁者引薦俎官出詣饌所，捧俎官隨之。俟初獻官奠幣訖，復位，執禮曰："進饌。"謁者引薦俎官，捧國社之俎，捧俎官各捧牲匣。典祀官引饌入，國社、國稷之饌，入自正門；配位之饌，入自左闥。俎初入門，軒架作《雍安之樂》。國社、國稷之饌，升自北陛；配位之饌，升自西陛。諸大祝迎引於壇上。薦俎官詣國社神位前，南向跪奠，先薦牛，次薦羊，次薦豕。【諸大祝助奠。】奠訖，啓牲匣蓋。次詣后土氏神位前，西向跪奠，先薦牛，次薦羊，次薦豕。【諸大祝助奠。】奠訖，啓牲匣蓋。薦俎官降自西陛，詣國稷壇捧奠，竝如上儀訖，樂止。謁者引薦俎官以下，降自西陛，復位。諸大祝還尊所。執禮曰："行初獻禮。"謁者引初獻官，詣國社尊所，東向立。登歌作《壽安之樂》，《烈文之舞》作。執尊者擧冪酌醴齊，執事者以爵受酒。謁者引初獻官，升自北陛，詣神位前，南向立，贊跪搢笏。執事者以爵授初獻官，初獻官執爵獻爵，以爵授執事者，奠于神位前。謁者贊執笏、俯伏興、少退南向跪，樂止。大祝進神位之右，西向跪讀祝文訖，樂作。謁者贊俯伏興平身，樂止。引初獻官，降自北陛，詣后土氏尊所，東向立，樂作。執尊者擧冪酌醴齊，執事者以爵受酒。謁者引初獻官，升自北陛，詣神位前，西向立，贊跪搢笏。執事者以爵授初獻官，初獻官執爵獻爵，以爵授執事者，奠于神位前。謁者贊執笏、俯伏興、少退西向跪，樂止。大祝進神位之右，北向跪讀祝文訖，樂作。謁者贊俯伏興平身，樂止。謁者引初獻官，降自北陛，詣國稷壇升獻，竝如上儀訖，復位。文舞退，武舞進。軒架作《舒安之樂》。舞者立定，樂止。初初獻官旣復位，執禮曰："行亞獻禮。"謁者引亞獻官詣盥洗位，南向立，贊搢笏。亞獻官盥手帨手訖，贊執笏，引詣國社尊所，東向立。軒架作《壽安之樂》，《昭武之舞》作。執尊者擧冪酌盎齊，執事者以爵受酒。謁者引亞獻官，升自西陛，【○今儀作"北陛"。下同。】詣神位前，南向立，贊跪搢笏。執事者以爵授亞獻官，亞獻官執爵獻爵，以爵授執事者，奠于神位前。謁者贊執笏、俯伏興平身，引亞獻官，降自西陛，詣后土氏尊所，東向立。執尊者擧冪酌盎齊，執事者以爵受酒。謁者引亞獻官，升自西陛，詣神位前，西向立，贊跪搢笏。執事者以爵授亞獻官，亞獻官執爵獻爵，以爵授執事者，奠于神位前。謁者贊執笏、俯伏興平身，引亞獻官，降自西陛，詣國稷壇升獻，竝如上儀訖，樂止。引降復位，執禮曰："行終獻禮。"謁者引終獻官，行禮竝如亞獻儀訖，引降復位，執禮曰："飮福受胙。"大祝各詣國社、國稷尊所，以爵酌罍福酒，合置一爵。又大祝持俎進，減國社、國稷神位前胙肉，合置一俎。謁者引初獻官，升自北陛，詣飮福位，南向立，贊跪搢笏。大祝進初獻官之右，東向以爵授初獻官，初獻官受爵飮卒爵，大祝進受虛爵復於坫。大祝東向以俎授初獻官，初獻官受俎以授執事者，執事者受俎，降自北陛出門。謁者贊執笏、俯伏興平身，引降復位，執禮曰："四拜。"在位者皆四拜。執禮曰："徹籩豆。"諸大祝進徹籩豆。【徹者，籩、豆各一，少移於故處。】登歌作《雍安之樂》，徹訖，樂止。軒架作《順安之樂》。執禮曰："四拜。"在位者皆四拜。樂一成止。執禮曰："望瘞。"謁者引初獻官詣望瘞位，北向立；執禮帥贊者詣望瘞位，東向立。諸大祝取黍稷飯，藉用白茅束之，以篚取祝版及幣，各由其陛降壇，置於坎。執禮曰："可瘞。"置土半坎，【○今儀，自"執禮曰望瘞"止"置土半坎"，作"執禮曰望燎。謁者引初獻官詣望燎位，北向立；執禮帥贊者詣望燎位，東向立，大祝取祝、幣詣望燎位。執禮曰可燎。大祝以幣焚於爐，大祝取黍稷飯，藉用白茅束之，以篚取祝板，置於坎，置土半坎"。】壇司監視。謁者進初獻官之左，白禮畢。謁者、贊引各引初獻官以下，以次出。執禮帥贊者還本位，贊引引監察及諸執事，俱復懸南拜位立定。執禮曰："四拜。"監察以下皆四拜訖，贊引以次引出。【○今儀，此下有"大祝仍就盥洗位盥帨"九字。】典樂帥工人、二舞出，執禮帥贊者、謁者、贊引就懸南拜位，四拜而出。【○今儀，此下有"大祝"二字。】典祀官、壇司各帥其屬，藏神位版，徹禮饌，以降乃退。

祈告儀

【報祀同，惟飮福受胙。○《五禮儀》。參今儀。】

齊戒

前祀三日，諸祀官竝散齊二日，宿於正寢，致齊一日於祀所。【報祀先告事由，移、還安祭同。若祈告迫切，則只淸齋一宿。】

陳設

前一日，壇司帥其屬，掃除壇之內外。典祀官、壇司各帥其屬，設國社、國稷神座各於壇上南方北向，后土氏神座於國社神座之左，后稷氏神座於國稷神座之左，俱東向，席皆以莞。贊者設獻官位於北門內道西南向，執事者位於西門內道北，每等異位，重行東向南上。監察位於北門內西北隅東向，書吏陪其後。贊者、謁者位於北壝門外近西東向，設諸祈官門外位於西門外道北，每等異位，重行南向東上。設望瘞位【○今儀，"瘞"作"燎"。下同。】於瘞坎之南，獻官在南北向，大祝、贊者在西東向北上。祈日未行事前，典祀官、壇司各帥其屬，入奠祝版各一於神位之右，【各有坫。】陳幣篚各一於尊所，設香爐、香合、幷燭於神位前，次設祭器如式。設洗於北壝門外西北南向，【盥洗在西，爵洗在東。】罍在洗西加勺，篚在洗東，北肆，實以巾。【若爵洗之篚，則又實以爵。有坫。】諸執事盥洗於獻官洗西北南向。執尊、罍、篚、冪者位於尊、罍、篚、冪之後。

行禮

祈日丑前五刻,【丑前五刻，卽三更三點，行事用丑時一刻。】典祀官、壇司入，實饌具畢，退就次，服其服。升設國社、后土氏、國稷、后稷氏神位版於座。前三刻，諸祈官各服其服。贊者、謁者，入自西門，先就壇北拜位南向東上，四拜訖，就位。謁者引諸祈官，就西門外位。前一刻，謁者引監察、典祀官、大祝、祝史、齋郎、壇司入，就壇北拜位，重行南向東上立定。贊者曰："四拜。"監察以下皆四拜訖。謁者引監察就位，引諸執事，詣盥洗位盥帨訖，各就位。【諸執事升降，皆自西陛。】齋郎詣爵洗位洗爵拭爵訖，置於篚，捧詣尊所，置於坫上。謁者引獻官入就位。謁者進獻官之左白："有司謹具，請行事。"退復位。贊者曰："四拜。"獻官四拜。贊者曰："行奠幣禮。"謁者引獻官詣盥洗位，南向立，贊搢笏。獻官盥手帨手訖，贊執笏，引詣國社壇，升自北陛。詣國社神位前，南向立，贊跪搢笏。執事者，一人捧香合，一人捧香爐，跪進。謁者贊三上香。執事者奠爐于神位前。大祝以幣篚授獻官，獻官執幣獻幣，以幣授大祝，奠于神位前。【凡捧香授幣皆在獻官之右，奠爐奠幣皆在獻官之左。受爵奠爵準此。】謁者贊執笏、俯伏興平身，引詣后土氏神位前，西向立，贊跪搢笏。執事者，一人捧香合，一人捧香爐，跪進。謁者贊三上香。執事者奠爐于神位前。大祝以幣篚授獻官，獻官執幣獻幣，以幣授大祝，奠于神位前。謁者贊執笏、俯伏興平身，引獻官降自北陛，詣國稷壇，上香奠幣，竝如上儀訖，引降復位。贊者曰："行酌獻禮。"謁者引獻官詣國社尊所，東向立。執尊者擧冪酌酒，執事者以爵受酒。謁者引獻官，升自北陛，詣神位前，南向立，贊跪搢笏。執事者以爵授獻官，獻官執爵獻爵，以爵授執事者，奠于神位前。謁者贊執笏、俯伏興，少退南向跪。大祝進神位之右，西向跪讀祝文訖。謁者贊俯伏興平身，引獻官降自北陛，詣后土氏尊所，東向立。執尊者擧冪酌酒，執事者以爵受酒。謁者引獻官，升自北陛，詣神位前，西向立，贊跪搢笏。執事者以爵授獻官，獻官執爵獻爵，以爵授執事者，奠于神位前。謁者贊執笏、俯伏興、少退西向跪。大祝進神位之右，北向跪讀祝文訖。謁者贊俯伏興平身，引獻官降自北陛，詣國稷壇升獻，竝如上儀訖，引降復位。大祝進徹籩豆。【徹者，籩、豆各一，少移於故處。】贊者曰："四拜。"獻官四拜。謁者引獻官詣望瘞位，北向立；贊者詣望瘞位，東向立。大祝以篚取祝版及幣，各由其陛降壇，置於坎。贊者曰："可瘞。"置土半坎。【○今儀，自"謁者引獻官"止"置土半坎"，作"謁者引獻官，詣望燎位，北向立；執禮帥贊者，詣望燎位，東向立。大祝取祝幣，詣望燎位。執禮曰可燎。大祝以幣焚於爐。大祝取黍稷飯，藉用白茅束之，以篚取祝版，置於坎，置土半坎"。】謁者進獻官之左，白禮畢。遂引獻官出，贊者還本位。謁者引監察及諸執事，俱復壇北拜位立定。贊者曰："四拜。"監察以下皆四拜訖。謁者以次引出。【○今儀，此下有"大祝仍就盥洗位盥帨"九字。】贊者、謁者就壇北拜位，四拜而出。【○今儀，此下有"大祝"二字。】典祀官、壇司各帥其屬，藏神位版，徹禮饌，以降乃退。

笏記

【本署所藏, 時用。】

親祭壇上笏記

贊引引監察點視。【○典樂帥工人、二舞入就位。】○引儀分引陪祭官入就位。○贊引引監察及諸執事, 入就拜位。○四拜。監察以下皆四拜。○贊引引監察就位。○諸執事詣盥洗位。【各就位。】○謁者引亞獻官、終獻官, 贊引引進幣爵酒官、薦俎官、奠幣爵酒官入就位。○贊引引祝史、齋郎, 詣爵洗位。○左通禮跪啓外辦。○禮儀使導殿下, 入自正門, 詣版位。【至西門, 啓請執圭。】○禮儀使啓請行事。【告有司謹具, 請行事。】○瘞毛血。【大祝各瘞毛血於坎。】○軒架作《順安之樂》, 《烈文之舞》作。【樂七成。】○禮儀使啓請四拜興平身。殿下四拜興平身。在位者皆四拜興平身。○樂止。○謁者引進幣爵酒官、奠幣爵酒官, 詣盥洗位。○引詣國社尊所。○行奠幣禮。○禮儀使導殿下詣盥洗位, 南向立。【啓請搢圭。帨〔手〕[9]訖。啓請執圭。】○禮儀使導殿下, 陞自北陛, 詣國社神位前, 南向立。○登歌作《肅安之樂》, 《烈文之舞》作。○啓請跪。【殿下跪, 在位者皆跪。啓請搢圭、三上香、執幣獻幣。啓請執圭。】○啓請俯伏興平身。【殿下俯伏興平身, 在位者皆俯伏興平身。】○禮儀使導殿下詣后土氏神位前, 西向立。○啓請跪。○啓請俯伏興平身。○樂止。○禮儀使導殿下降自北陛, 詣國稷神位前, 南向立。○樂作。○啓請跪。○啓請俯伏興平身。○禮儀使導殿下詣后稷氏神位前, 西向立。○啓請跪。○啓請俯伏興平身。○樂止。【進幣爵酒官、奠幣爵酒官降復位。】○禮儀使導殿下降復位。【贊引引典祀官出詣廚所, 擧鼎者隨之。謁者引薦俎官, 出詣饌所, 捧[10]俎官隨之。】○進饌。○軒架作《雍安之樂》。【謁者引薦俎官, 入自正門。】○諸大祝迎引於壇上。【謁者引薦俎官, 陞詣國社神

9 手 底本에는 없는데, 《社稷署儀軌·儀節·奠幣》에 근거하여 보충함.

10 捧 底本에는 "奉"으로 되어 있는데, 《社稷署儀軌》 다수 용례에 근거하여 수정함.

位前, 引詣后土氏神位前。引詣國稷神位前, 引詣后稷氏神位前。】 ○樂止。○謁者引薦俎官降復位。【捧俎官隨降。】 ○謁者引進幣爵酒官、奠幣爵酒官, 詣國社尊所。○行初獻禮。○禮儀使導殿下詣國社尊所, 東向立。○登歌作《壽安之樂》, 《烈文之舞》作。○【酌醴齊。】 ○禮儀使導殿下詣神位前, 南向立。○启請跪。【殿下跪, 在位者皆跪。启請搢圭、執爵獻爵。启請執圭、俯伏興、少退跪。】 ○樂止。【讀祝訖。】 ○樂作。○启請俯伏興平身。【殿下俯伏興平身, 在位者皆俯伏興平身。】 ○樂止。○禮儀使導殿下, 降自北陛, 詣后土氏尊所, 東向立。○樂作。○禮儀使導殿下詣神位前, 西向立。○启請跪。○樂止。○樂作。○启請俯伏興平身。○樂止。○禮儀使導殿下, 降自北陛, 詣國稷尊所, 東向立。○樂作。○禮儀使導殿下詣神位前, 南向立。○启請跪。○樂止。○樂作。○启請俯伏興平身。○樂止。○禮儀使導殿下, 降自北陛, 詣后稷氏尊所, 東向立。○樂作。○禮儀使導殿下詣神位前, 西向立。○启請跪。○樂止。○樂作。○启請俯伏興平身。○樂止。【進幣爵酒官、奠幣爵酒官降復位。】 ○禮儀使導殿下降復位。○文舞退, 武舞進。○軒架作《舒安之樂》。○樂止。○禮儀使启請入小次。【禮儀使導殿下入小次, 启請釋圭。】 ○行亞獻禮。【祝史、齋郎各就尊所。】 ○謁者引亞獻官, 詣盥洗位。○謁者引亞獻官, 詣國社尊所。○軒架作《壽安之樂》, 《昭武之舞》作。○【酌盎齊。】 ○引詣神位前。【引詣后土氏尊所, 引詣神位前。引詣國稷尊所, 引詣神位前。引詣后稷氏尊所, 引詣神位前。】 ○樂止。○謁者引亞獻官降復位。○行終獻禮。○謁者引終獻官, 詣盥洗位。○謁者引終獻官, 詣國社尊所。○軒架作《壽安之樂》, 《昭武之舞》作。○【酌淸酒。】 ○引詣神位前。【引詣后土氏尊所, 引詣神位前。引詣國稷尊所, 引詣神位前。引詣后稷氏尊所, 引詣神位前。】 ○樂止。○謁者引終獻官降復位。○謁者引進幣爵酒官、薦俎官, 詣飮福位。○行飮福禮。○禮儀使启請出次。【启請執圭。】 ○禮儀使導殿下詣飮福位, 南向立。○启請跪。殿下跪。在位者皆跪。【启請搢圭、受爵受胙。启請執圭。進幣爵酒官、薦俎官降復位。】 ○啓請俯伏興平身。殿下俯伏興平身。在位者皆俯伏興平身。○禮儀使導殿下降復位。○禮儀使啓請四拜興平身。殿下四拜興平身。在位者皆四拜興平身。○徹籩豆。【諸大祝俱進徹。】 ○登歌作《雍安之樂》。【一成。】 ○樂止。 ○軒架作《順安之樂》。【一成。】 ○禮儀使啓請四拜興平身。殿下四拜興平身。在位者皆四拜興平身。○樂止。○望燎。【諸大祝各捧祝幣詣坎。】 ○禮儀使導殿下詣望燎位，北向立。○可燎。【大祝燎。】 ○禮儀使跪啓禮畢。○禮儀使導殿下還大次。○引儀分引陪祭官出。○贊引引監察及諸執事，俱復拜位。○四拜。監察以下皆四拜。○贊引引監察以下出。【執禮、贊者、謁者、贊引，四拜以出。典樂師工人、二舞出。壇司帥其屬徹饌。】

親祭壇下笏記

贊引引監察點視。【○典樂師工人、二舞入就位。】 ○引儀分引陪祭官入就位。○贊引引監察及諸執事，入就拜位。○四拜。監察以下皆四拜。○贊引引監察就位。○諸執事詣盥洗位。○謁者引亞獻官、終獻官，贊引引進幣爵酒官、薦俎官、奠幣爵酒官入就位。○左通禮跪啓外辦。○禮儀使導殿下入自正門，詣版位。○禮儀使啓請行事。【告有司謹具，請行事。】 ○瘞毛血。○軒架作《順安之樂》，《烈文之舞》作。○禮儀使啓請四拜興平身。殿下四拜興平身。在位者皆四拜興平身。○樂止。○行奠幣禮。○進饌。○軒架作《雍安之樂》。○樂止。○行初獻禮。○文舞退，武舞進。○軒架作《舒安之樂》。○樂止。○禮儀使啓請入小次。○行亞獻禮。○軒架作《壽安之樂》，《昭武之舞》作。○樂止。○行終獻禮。○軒架作《壽安之樂》，《昭武之舞》作。○樂止。○行飮福禮。○禮儀使啓請出次。○禮儀使啓請四拜興平身。殿下四拜興平身。在位者皆四拜興平身。○軒架作《順安之樂》。○禮儀使啓請四拜興平身。殿下四拜興平身。在位者皆四拜興平身。○樂止。○望燎。○謁者引亞獻官、終獻官，贊引引進幣爵酒官、薦俎官、奠幣爵酒官出。○引儀分引陪祭官出。○贊引引監察及諸執事，俱復拜位。○四拜。監察以下皆四拜。○贊引引監察以下出。【典樂帥工人、二舞出。】

攝事壇上笏記

○贊引引監察點視。【○典樂帥工人、二舞入就位。】 ○贊引引監察及諸執事，入就拜位。○四拜。監察以下皆四拜。○贊引引監察就位。○諸執事詣盥洗位。【各就位。贊引引祝史、齋郎，詣爵洗位。】 ○謁者引初獻官，贊引引亞獻官、終獻官、薦俎官入就位。○謁者進請行事。【初獻官之左，白有司謹具，請行事。】 ○瘞毛血。【大祝各瘞毛血於坎。】 ○軒架作《順安之樂》，《烈文之舞》作。【樂七成。】 ○四拜。初獻官以下在位者皆四拜。○樂止。○行奠幣禮。○謁者引初獻官，詣盥洗位。○謁者引初獻官，詣國社神位前。○登歌作《肅安之樂》，《烈文之舞》作。【三上香、執幣獻幣。引詣后土氏神位前。】 ○樂止。【引詣國稷神位前。】 ○樂作。【引詣后稷氏神位前。】 ○樂止。○謁者引初獻官降復位。○進饌。○軒架作《雍安之樂》。【謁者引薦俎官，入自正門。】 ○諸大祝迎引於壇上。【薦俎官陞詣國社神位前，次詣各位，竝如上儀。】 ○樂止。○謁者引薦俎官降復位。【捧俎官隨降。】 ○行初獻禮。○謁者引初獻官詣國社尊所。○登歌作《壽安之樂》，《烈文之舞》作。○【酌醴齊。】 ○引詣神位前。【獻爵，俯伏興，小退跪。】 ○樂止。【讀祝訖。】 ○樂作。○樂止。○引詣后土氏尊所。○樂作。○引詣神位前。○樂止。○樂作。○樂止。○引詣國稷尊所。○樂作。○引詣神位前。○樂止。○樂作。○樂止。○引詣后稷氏尊所。○樂作。○引詣神位前。○樂止。○樂作。○樂止。○謁者引初獻官降復位。○文舞退，武舞進。○軒架作《舒安之樂》。○樂止。○行亞獻禮。○謁者引亞獻官，詣盥洗位。○引詣國社尊所。○軒架作《壽安之樂》，《昭武之舞》作。○【酌盎齊。】○引詣神位前。【獻爵，次詣各位獻爵，竝如上儀。】○樂止。○謁者引亞獻官降復位。○行終獻禮。○謁者引終獻官，詣盥洗位。○引詣國社尊所。○軒架作《壽安之樂》，《昭武之舞》作。○【酌清酒。】○引詣神位前。【獻爵，次詣各位獻爵，竝如上儀。】○樂止。○謁者引終獻官降復位。○行飮福禮。○謁者引初獻官，詣飮福位。○謁者引初獻官降復位。○四拜。初獻官以下在位者皆四拜。○徹籩豆。【大祝入徹籩豆。】○登歌作《雍安之樂》。○樂止。○軒架作《順安之樂》。○四拜。初獻官以下在位者皆四拜。○樂止。○望燎。○謁者引初獻官，詣望燎位。○可燎。○禮畢。【謁者進初獻官之左，白禮畢。】○謁者引初獻官出。○贊引引監察及諸執事，俱復拜位。○四拜。監察以下皆四拜。○贊引引監察以下出。【執禮、贊者、謁者、贊引，四拜以出。典樂師工人、二舞出。壇司帥其屬徹饌。】

攝事壇下笏記

贊引引監察點視。【○典樂師工人、二舞入就位。】○贊引引監察及諸執事，入就拜位。○四拜。監察以下皆四拜。【贊引引監察就位。諸執事詣盥洗位，各就位。】○謁者引初獻官，贊引引亞獻官、終獻官、薦俎官入就位。○謁者進請行事。【有司謹具，請行事。瘞毛血。】○軒架作《順安之樂》，《烈文之舞》作。○四拜。初獻官以下在位者皆四拜。○樂止。○行奠幣禮。○進饌。○軒架作《雍安之樂》。○行初獻禮。○文舞退，武舞進。○軒架作《舒安之樂》。○行亞獻禮。○軒架作《壽安之樂》，《昭武之舞》作。○行終獻禮。○軒架作《壽安之樂》，《昭武之舞》作。○行飮福禮。○謁者引初獻官詣飮福位。○四拜。初獻官以下在位者皆四拜。○軒架作《順安之樂》。

○四拜。初獻官以下在位者皆四拜。○樂止。○望燎。贊引引亞獻官、終獻官、薦俎官出。○贊引引監察及諸執事，俱復拜位。○四拜。監察以下皆四拜。○贊引引監察以下出。【典樂師工人、二舞出。】

告由祭笏記

○謁者引監察及諸執事，入就拜位。○四拜。監察以下皆四拜。○謁者引監察、典祀官就位。○諸執事詣盥洗位。○各就位。○謁者引獻官入就位。○謁者進獻官之左白：“有司謹具，請行事。”○四拜。獻官四拜。○行奠幣禮。○謁者引獻官，詣盥洗位。○引詣國社神位前。○引詣后土氏神位前。○引詣國稷神位前。○引詣后稷氏神位前。○引降復位。○行酌獻禮。○謁者引獻官，詣國社尊所。○引詣神位前。○引詣后土氏尊所。○引詣神位前。○引詣國稷尊所。○引詣神位前。○引詣后稷氏尊所。○引詣神位前。○引降復位。○徹籩豆。○四拜。獻官四拜。○望燎。○謁者引獻官，詣望燎位。○可燎。○謁者進獻官之左，白禮畢。○謁者引獻官出。○謁者引監察及諸執事，俱復拜位。○四拜。監察以下皆四拜。○謁者引監察以下，以次出。

社稷署儀軌

卷之三 故事上

壇壝、館舍

太祖二年癸酉二月，三司左僕射、領書雲觀事權仲和進新都宗廟、社稷、宮殿、朝市形勢之圖。上命書雲觀及風水學人李陽建、裴尙忠等審視面勢。三年甲戌，遷都漢陽，十一月，上率都評議使司及書雲觀史員，相宗廟、社稷之地，置工作局。【《文獻備考》、舊《春官志》合錄。】

太宗六年丙戌，命修治社稷壇，給守護人丁。【《文獻備考》】

肅宗七年辛酉五月，親祭時，大臣以經夜帳殿恐傷玉體，請暫御本署直房。旣而又稟本署官員以御次所經不敢入處。上曰："不可以一夜經宿之故而仍爲封閉，使之入處可也。"【《本署謄錄》】

二十年甲戌七月，重修社稷典祀廳及左右執事廳。【上同】

十月，禮曹啓："卽接社稷署所報，則'神室改建事告祭後位版移安處所，若於安香廳，則今番祭時香祝，何處奉安乎?'云云。安香廳外，無他可合權奉處，而安香廳旣有廳事左右房舍，位版及香祝，姑爲推移奉安，似合事宜。"從之。【上同】

十月，重修社稷神室。禮曹啓："社稷神室，改建於壬辰亂後，制度狹窄，旣難周旋，且其材木腐朽，有頹壓之慮。宜令問議修改。"左議政朴世采、右議政尹趾完以爲："旣知其傾側，則亟宜及時重建。"遂以是月初三日行告祭，仍爲撤毁舊室，恢拓基址，改以新材。室之長廣，比前加三尺五寸，以五樑閣造成，北向。

上樑文曰：通得祀社稷，歷代謹崇奉之儀。足以妥神靈，不日覩輪奐之美。禮則然矣，時有待歟。粵若方澤之啓封，邈自重黎而創制。陰陽以辨位置，竝七廟之尊。土穀惟修功用，同六府之利。恭惟我朝，聖祖建都邑而定鼎，首築靈壇。世宗述禮樂而興文，咸秩祀典。右后土左后稷，庸佐食而贊勳。環四陛樹四門，取順序而受氣。旣有憑依之神板，爰設奉安之明宮。匪麗匪宏，務爲永久之計。是守是護，俾無荒廢之憂。非不時省而繕治，其奈歲久而隳落？棟撓屋壞之是慮，宜亟圖新。旁風上雨之不遮，豈容仍舊？大懼不獲於顧享，曷稱無愧於祝辭。肆我聖上，協神人而膺休，瞻禴祀而起敬。因大臣之陳箚，斷自宸衷。命有司而鳩功，經始農隙。令無煩於程督，事已辦於咄嗟。窈窕丹青，如故冢土之貌。穹崇楹桷，聳喜都人之觀。若室肯堂，可見繼述之盛。大事在祀，罔有怠棄之愆。吉辰斯涓，修樑斯擧。敢效兒郎之頌，用侑匠氏之勞。抛樑東，扶桑瑞色曜窓櫳。藹然萬物生生意，要識陰靈厚載功。抛樑西，松林繞郭夕烟迷。秋成郊野千箱斂，報祀端宜薦兩珪。抛樑南，離宮苑籞勢相參。遲遲午日明崇壝，佳氣葱籠麗景含。抛樑北，岳麓映簷蒼翠色。暫許玄冥行閉藏，到時雷出資陽德。抛樑上，日月高懸天宇曠。配極知從剖判初，茫茫元會計來長。抛樑下，香卓華筵靜且雅。毋褻毋忘常致虔，應看肸蠁降純嘏。伏願上梁之後，松柏不老，庭戶長新。旣潔旣肥，四時備祈報之禮。乃安乃吉，千秋保邃穆之居。百祿優優，扶國祚而綿曆。五穀穰穰，惠我民而厚生。

大提學朴泰尙製進。【《本署謄錄》、朴泰尙家集合錄。】

二十七年辛巳七月，禮曹啓：“社稷安香廳旣已撤毁董役，今此大祭時香祝，他無奉安處，以西邊執事廳修理奉安，何如？”從之。

【《禮曹謄錄》】

十月，重修社稷安香廳。本署報禮曹："安香廳既兼御齋室而新造，則有非入直官留宿之處，何以爲之?"禮曹題："自本曹有難變通，而雖以各陵規例言之，非別建御齋室之處，則陵幸時臨御於參奉齋室，本署官員之依例入處，亦無不可。"【《本署謄錄》】

二十八年壬午十一月，新建部將直所。【上同】

三十六年庚寅六月，命補築社稷壇。禮曹啓："社稷祭壇之設築，已經累百年，四面階砌，傾欹偏側，鮮有完全之處。一併改築，事體至重，請議于大臣。"領議政李畬以爲："古者社稷之制，不定磚砌，而南方土疎，不砌恐易壞者，此朱子說也。壇之所重，在於封土，砌則只以護土而已，既砌而崩壞，則亦安能無修改也? 然爰自祖宗定鼎之初，立社設壇，爲累百年致敬之所。方土改築，非所可論，而砌石之外排者，亦宜仍舊修完，非不得已則恐不可易而新之，姑就尤甚處修改，俟後更審議定，實合愼重之道。"敎依議施行。禮曹判書黃欽啓："社稷壇以仍舊修補稟定，而舊石不足，新石三四箇添用，何如?"敎依爲之。【《文獻備考》，《本署謄錄》合錄。】

三十八年壬辰二月，大風。社稷神室四面藁簾皆裂破，壇北神門三間，幷礎顚仆，命修補改建。【《本署謄錄》】

英宗十八年壬戌九月，本署啓："本署部將廳在於壁後，與大門相背，凡人出入，不得看檢，令該曹移建於門傍，何如?"從之。【上同】

二十五年己巳七月，禮曹啓："社稷祭器欌，今將營造[1]，而卽今祭器庫在安香廳西，不但頹圮，地且卑濕。以《五禮儀》圖考見，則壇西廚北，有祭器庫，而今則廢而爲遮帳庫，其地勢之淨潔平鋪，與

1 造 底本에는 "建"으로 되어 있는데, 《承政院日記》 英祖 25年 7月 27日 조에 근거하여 수정함.

卽今庫舍，大有勝焉。依《五禮儀》圖式，改建於此處後，造成祭器欌，甚合事宜。” 從之。【《禮曹謄錄》】

四十五年己丑四月，命修補社稷壇。先是本署郎官，以“社壇補築，在於去庚寅，今已六十年，而兩壇築土，漸爲磨洗，四面砌石之內，土縮至於四、五寸之深，臺石及砌石，多有傾欹處，不可不修改”之意，稟議于前後都提調，而事體重大，因循未果。是歲二、三月大雨，沙水滲流，漸益傾危。本署令尹遇東言于都提調，都提調金致仁奉審後，筵白蒙允。一。壇東、南面改築，而東隅地臺石一箇新備。二。壇東、南、西面上臺石傾退處，仍舊改排灰壇，一倂改築。【壇上塡土，因都提調筵稟，取土於本署北墻內。】役畢，命本署令尹遇東、監役官南紀雲，竝陞敍，本署守僕，令該曹米布參酌題給。【《本署謄錄》】

當宁三年癸亥正月，政院啓：“今日社稷祈穀大祭時，遮帳不能堅實，致有禮畢時欠敬之擧，事之驚悚，莫此尤甚。當該諸進排官，所當重勘，而本院請推之外，無他可施之罰，何以爲之？敢稟。” 傳曰：“拿處。”

十一月，本署都提調李時秀啓：“臣今日三更量，伏聞[2]社稷樂器庫失火之報，萬萬驚遑，與本署提調臣趙尙鎭，馳進奉審，則落葉堆積處，偶然失火，延及於樂器庫，三間盡爲燒燼，樂器之未及搬出者，亦多被燒矣。雖幸趁卽撲滅，莫重之地，有此震驚，似當有慰安之擧，令該曹稟旨擧行，令戶曹·禮曹堂上、掌樂提調，待天明進詣奉審後，庫舍卽爲改建，被燒樂器，亦爲改備。臣之常時不善檢飭之罪，萬萬惶恐，而本署入直官員之不能致愼，誠極駭然，令該府拿問重勘，守直下屬等，令攸司從重科治，何如？” 傳曰：“允。” 樂器庫同月改建，樂器翌年五月初六日畢役，都監堂郎陪進

2 聞 底本에는 “問”으로 되어 있는데, 《承政院日記》 純祖 3年 11月 4日 조에 근거하여 수정함.

入庫。當日入直令李義和，杖一百受贖，平山府徒三年定配，入直守僕李鳳甲，杖一百，流三千里昌寧縣配，朴守得，安義縣配，巡更軍一名，雲峯縣配。【是日三軍門大將及兵曹判書、左右捕將、巡將，俱爲救火，都提調李時秀、提調趙尙鎭、本署令李翊會，俱爲仕進。】

丁亥三月初十日，本署提調金履喬適在闕中而達曰："今日破漏後，本署樂工廳二間被燒云。雖幸趁卽撲滅，莫重之地，有此失火，萬萬驚悚，慰安祭自該曹稟旨擧行。被燒處修葺之節，臣已赴闕，燒燼形止，未及看審，失火根因，亦未及究覈，筵退後當爲馳進詳察，草記擧行。臣之常時不善檢飭之罪，萬萬惶恐，而本署入直官員不能致愼，誠極該然，令該府拿問勘處，守直下屬等，令攸[3]司科治，何如？"令曰："依。"入直令柳基豐，杖一百，流三千里慶山縣配，守僕高壽民，杖一百，流三千里錦山郡配，李得亨，臨陂縣配，巡更軍士宋于得，榮川郡配，沈任得，龍宮縣配。【是日三軍門大將及兵曹判書、左右捕將、巡將，俱爲救火，都提調金載瓚有身病，不爲仕進，提調金履喬、令金履平·柳英根，俱爲仕進。】

3 攸 底本에는 "有"로 되어 있는데, 《承政院日記》 純祖27年 3月 10日 조에 근거하여 수정함.

典禮

太祖四年乙亥，奉常寺啓：“今當國初，一新舊制。宗廟樂章，亦已改定，社稷樂章，尙循舊制，亦宜改作。”從之。【《文獻備考》】

世宗朝始制雅樂。乙巳秋，秬黍生於海州，丙午春，磬石産於南陽，取黍定律，取石作磬。大提學朴堧精通音律，上擢用之，爲慣習都提調，專掌樂事，十餘年乃成。十五年癸丑朝祭，初用雅樂，去女樂。【舊《春官志》】

世祖乙亥，【卽位年】議政府據禮曹呈啓：“按《社稷親祭儀》：‘禮儀使導殿下詣版位，啓請行事，軒架作《順安之樂》，《烈文之舞》作，八成而止。’參詳正統六年正月日，僉知中樞府事朴堧建議：‘宗廟親享之日，降神之樂，權減九成〔爲三成〕[4]，四宮不備，變數有欠，似爲未穩。唐太宗時，詔太常：「凡祀天神、祭地祇、享宗廟，宮架每祭奏降神四曲、送神一曲。」今宗廟降神之樂，若減九成，則乞倣唐制，四宮各一成爲四成。’當時用其議。請自今社稷親祭樂八成，亦權減爲四成。”從之。【《春官志》】

4 爲三成 底本에는 없는데, 《世祖實錄》 23年 1月 6日 조에 근거하여 보충함.

孝宗卽位翌日，【己丑年】遣大臣告嗣位于宗廟、社稷。初《五禮儀》，卽位後無告廟、社之文，故歷代多闕而不行。至是禮曹引《大明會典·登極儀》“遣官告天地、廟、社”之文，啓請行之，遂命告于宗廟、永寧殿、肅寧殿及社稷。【《國朝寶鑑》】

元年庚寅六月，旱蝗。上將親祈雨於社壇，禮曹請以黑袍、玉帶、黑靴行禮，從之。用樂與否，命問議于大臣，金尙憲、金堉以爲"不必用樂"。右議政趙翼上箚曰:"夫喪三年不祭，禮也。今此親祭社稷，乃出於畏天憂民之至，不得已而行之，則當務盡其道。禮固以誠爲本，以文爲末，然莫如本末俱盡之爲備也。夫喪雖人情之所自致者，然一國之私也；神祇之祭，天地之所同尊也。其禮極嚴且重，以私喪有所減損，恐爲未安也。古者宗廟之祭，因喪而廢；天地、山川之祭，越紼而行。然則事外神與宗廟之禮，事體又不同也。今此用樂，豈有害於哀戚也？只爲謹於事神，不敢有所減損也。"命從翼議。【《國朝寶鑑》、趙翼文集合錄。】

顯宗己亥七月,【卽位年】禮曹啓:"《五禮儀》有'自初喪至卒哭，竝停大、中、小祀，殯後惟祭社稷'之文。故社稷正殿雨漏處，今月初六日，先告事由及移、還安祭設行，仍爲修改事，啓下矣。考諸香室所在己丑年社稷修改時祭文，則初以祝文啓下，而以告文改付標，則必是與常時不同，故只行告文。今亦依己丑年例，告文擧行事，改付標以入矣。"從之。【《禮曹謄錄》】

肅宗九年癸亥正月，初行祈穀祭于社稷。先是判中樞府事金壽興上箚曰:"《月令》:'孟春之月，天子以元日祈穀於上帝.'《左氏傳》曰:'郊祀后稷，以祈農事也.'郊祀之禮，雖非我國之所敢議，至於祈穀一節，尙可行之。趁元月之未盡，祀於國社之壇，似合禮意，而旣非我朝祀典所載，詢于諸大臣而處之。"上命議大臣。領中樞府事宋時烈以爲:"《月令》及左氏說，皆是天子之事。然《周禮》有'凡國祈年于田祖'之文，雖非天子，亦無不可。"諸大臣亦無異辭，命依議施行。是月二十八日，遣大臣行事。【《肅廟寶鑑》、《文獻備考》合錄。】

二十一年乙亥十一月，因備忘記,【見下傳敎條。】以孟春上辛祈穀事，議于大臣。左議政柳尙運以爲:"《月令》祈穀，是郊祀之禮，而祈年田租，亦有國之事也。雖在常年，倣而行之，固無不可。矧今大侵之餘，民之死生，國之存亡，專在於來歲穡事之豐凶？此聖上所以深軫嗣歲之憂，爲生民無所不用其極，至欲親自將事。其令禮官講其節目而行之，似合事宜。”命依議施行。【每年正月上辛日祈穀祭，自此始。○舊《太常志》】

二十二年丙子十二月，禮曹啓：“三冬積雪，實驗來歲之豐熟。而冬序已晏，大雪尙靳，嚴寒益酷，秋耕牟麥，必多凍傷之患，嗣歲之憂，不可勝言。從前如此之時，多有祈雪祭設行之例。依前例，宗廟、社稷、北郊，別遣重臣，不卜日，以初九日設行，何如？”從之。【舊《太常志》、《本署謄錄》合錄。】

三十年甲申，[5] 禮曹判書閔鎭厚啓：“《五禮儀》‘社稷、風雲雷雨、先農、先蠶、雩祀、文廟，皆有用八佾’之文。而頃日親祭先農時，只用六佾，臣怪問樂工輩，不知所對。此無乃兵亂之後，不能備禮，因循至此耶？不可無釐正之道，下詢大臣處之，何如？”上曰：“議大臣處之。”判中樞府事徐文重議：“古者天子八佾，諸侯六佾，每佾人數如其佾數，或曰每佾八人，此樂舞之制也。我朝不當用八佾，《五禮儀》及《樂學軌範》皆以‘雅樂六佾，各八人，用之於社稷及諸中祀；俗樂六佾，各六人，用之於宗廟及諸宴禮’，明有其文。若雅樂、俗樂，俱用六佾，各六人，則改定年月，無見於文籍者。以甲辰年詳定前後樂生之數及登、軒架樂器古今多少推之，似於此時，更定廟樂，省減樂生，而行之已百年。況今時事艱虞，惟此豐亨豫大之擧，有難輕議者也。”左議政李畬議：“《五禮儀》‘社稷、風雲雷雨、先農、先蠶、雩祀、文宣王，則祭用雅樂而舞六佾，每佾八人；宗廟、永寧殿、文昭殿、懿廟，則祭用俗樂而舞六佾，每佾六人’，其爲六佾則同，而人數多寡，有雅、俗樂之異矣。舞佾之法，天子八、諸侯六，而每佾人數如其佾數，或曰每佾八人。朱子

5 三……申 底本에는 “二十七年辛巳”로 되어 있는데, 《承政院日記》 肅宗 30年 6月 25日 조에 근거하여 수정함.

竝存兩說於《論語集註》，而謂未詳孰是。以此觀之，其隆殺之節，係於佾數，似不係於人數也。社稷以下用雅樂處所爲祭之神，宜用八佾，而止於六佾者，以祀在藩邦也。然其人數之用八，與俗樂異者，尙亦有隆殺之意而然歟？臣見識寡陋，難容臆說於其間也。且追聞禮官之言，則'諸處祀享時日各異，不必幷行於一時，雖不加出樂生，自足推移添數，而惟驚蟄後吉亥之享先農，仲春上丁之釋奠文宣王，容有相値之慮，此將妨碍'云。國家屢經喪亂，登、軒架樂器，皆減於舊，而不能盡復。今此雅樂舞佾人數，雖減而用六，亦未知其必不合於古禮，而遵行已久，恐難輕議復舊。"從之。【《文獻備考》】

四十四年戊戌二月，禮曹啓："今社稷春享大祭，因嬪宮喪，不爲受香矣。謹按《禮記》：'祭天地、社稷，越紼而行事。'《五禮儀》：'自初喪至卒哭，竝停大、中、小祀，殯後惟祭社稷。'今則旣在殯後，仲月亦未盡。但社稷之祭，本於上戊日設行，而上戊日已過，中戊日追行，亦無前例。祀典事體重大，議大臣稟處，何如？"大臣議以爲當行，遂以中戊日行之。【《本署謄錄》】

景宗元年辛丑六月，旱。上將親禱雨于社稷，禮曹啓："卽今異於常時，飮福禮當有減殺之道。曾在癸未宗廟親祭時，以大臣之喪，不行飮福禮，今亦宜停。"從之。【《禮曹謄錄》】

英宗十五年己未，始行親臨受誓戒之儀。以祭社稷及太廟舊例，應行事執事官及陪祭百官，行於議政府。至是上躬率諸享官及宗親、文武百官，行於[6]仁政殿階。以吏曹判書差讀誓文官，有故則參判代之。因《禮記》"王立于澤，聽誓命[7]"之文，使百官立受誓戒詞。【《文獻備考》、舊《春官志》合錄。】

6 於 底本은 훼손되어 판독이 불가한데, 奎章閣本에 근거하여 보충함.

7 聽誓命 《禮記·郊特牲》에는 "親聽誓命"으로 되어 있음.

正宗二十一年丁巳十二月，禮曹啓："來正月初二日，宗廟、永禧殿、景慕宮春展謁，命下矣。社稷祈穀大祭肄[8]儀在於初二日，而諸享官皆當陪班，何以爲之？敢稟。"傳曰："廟、社所重一也。肄[9]儀之初三日定行，禮無不可，依此爲之，此後如値廟謁，則仍以爲例可也。"

二十三年己未十二月，禮曹啓："來正月社稷祈穀大祭親行時省牲、省器之節，依例以親臨[10]磨鍊乎？敢稟。"傳曰："以親臨磨鍊。此後除取稟，例此磨鍊可也。"

二十四年庚申二月，禮曹判書李晩秀所啓："宗廟、社稷、文廟祭享後膰肉，世子宮有中脯封進之例。今亦依此擧行事分付，何如？"上曰："依爲之。"

當宁五年乙丑，禮曹啓："自初喪至卒哭，竝停大、中、小祀，惟祭社稷事，啓下矣。來二月初四日，行社稷大祭，自上方在諒闇中，依例以攝行磨鍊之意，敢啓。"傳曰："知道。"

六年丙寅正月，大臣、備局堂上引見入侍時，左議政韓用龜曰："臣以爲飮福之節，係是莫重享禮。而戊寅年則徽寧殿禫後在於孝昭殿練後，莊獻世子方在心制中，故雖有置之之下教，而今於孝安殿練祭後，則百官之服，旣皆從吉，大、小之享，又爲攝行，飮福之禮，恐無所拘。第伏念景慕宮則勿論親祭與攝〔享〕[11]，參以情禮，恐不當如例飮福，而旣無禮文之明白可據者，則以臣懵識，不敢臆對。唯在博詢而處之云。"傳曰："依左相議爲之。"

8 **肄** 底本에는 "隷"로 되어 있는데, 일반적인 용례에 근거하여 수정함.

9 **肄** 上同.

10 **依……臨** 底本에는 "以親臨依例"로 되어 있는데, 《承政院日記》 正祖 23年 12月 25日 조에 근거하여 수정함.

11 **享** 底本에는 없는데, 《純祖實錄》 6年 1月 3日 조에 근거하여 보충함.

規例

太祖朝，置籍田令、丞，掌籍耕祭祀之法。西籍田本高麗郊采之地，在開城府東二十里，村曰"典農"，有官廨，扁曰"馨香閣"，使本籍奴婢耕作，以供宗、社以下各陵、各壇一年元行祭享，各色粢盛。東籍田在東郊十五里，亦名"典農"，有官廨，扁曰"苾芬閣"，本籍奴婢與募民耕作，以供宗、社以下各陵、各壇無時別祭，各色粢盛。【《文獻備考》、舊《太常志》合錄。】

世祖乙亥七月,【卽位年】命宗廟·社稷·諸陵大享、忌辰齊戒，停視事。【《國朝寶鑑》】

肅宗十一年乙丑，命宗廟、社稷親祭時臺諫差祭人員，摘奸時，依諸執事，一體拜禮。【《受教輯錄》】

三月，戶曹判書鄭載嵩啓："社稷無奉審之事，祭器、祭服、雜物修補，只憑本署所報，而所入物力，多有下人輩用奸之弊。宜自今令戶、禮、工三曹郎，每年以春秋奉審後，隨毁隨改事，定式施行。"從之。【《禮曹謄錄》、《本署謄錄》合錄。】

十八年壬申二月，社稷春享獻官啓："大風終日不止，壇上遮帳裂破，祭器或至傾側，行祀時若復如此，則神版不無動搖之慮。請奉置神欌於壇上，奉安神版，以防意外之患。"從之。【此後辛巳春享、壬辰祈穀及春享，值大風，皆啓請用此例。○《本署謄錄》】

三十四年戊子二月，本署報禮曹："今番大祭親臨時，以謁者引薦俎官升壇事，自上有未安之教，政院啓達謁者推考，守僕科罪。從前親祭時，謁者例爲登壇，今番既有傳教，則自今以後，謁者升壇節次，何以爲之？”禮曹題：“謁者之任，不過引接而已。曾前升壇云者，必是迷劣守僕輩誤引謬例之致。自今以後，謁者勿爲升壇事，定式施行。”【上同】

四十二年丙申四月，禮曹啓：“考諸《五禮儀》及《宗廟儀軌》圖式，則各室尊床西邊設明水、玄酒，而今則只設空尊。大羹則盛于瓦甑，奠于第一行，而《五禮儀》註‘大羹，太古之羹也，肉汁無鹽梅之和，後王存古禮，故設之’云，而今則以冷水切入牛脂小許而用之，大失禮制，宜依古禮，煮肉爲羹而奠之。豚拍，《五禮儀》圖式‘細切作齏’，而今則以全肉盛豆。既有豕熟膚盛豆陳之，又以豕熟一塊盛豆陳設，一物兩用，必是中間致謬，亦當依例切用。其餘餠粿之違式者，亦多有之云。請自今以後，一依《五禮儀》圖式抄作謄錄，分授於奉常寺及宗廟署，令典祀官及本署官員，按其圖式及謄錄，檢察監設，而社稷、各殿、諸山川大·小享祀，亦一體施行。”上從之。【《肅廟寶鑑》】

英宗六年庚戌七月，本署報禮曹：“國恤卒哭前，大、小祭享膰肉，有淨潔處埋置之規。庚子國恤時，秋享膰肉，依常時例，進上於殯殿，而內醫院藥用所入羊肝及牛、羊、猪脂足，依例進排外，其餘一倂埋置。甲辰國恤時，臘享膰肉，殯殿及大王大妃殿，依例封進，而大殿、中宮殿，已復常膳，故一體封進。前後謄錄不一，今則何以爲之？”禮曹題：“依甲辰例擧行。”【《本署謄錄》】

二十年甲子八月，奉常都提調金在魯啓：“祭用中脯，禮文尺數，長八寸，廣一寸五分，厚二分，而近因獻官之點責，次次加分以造。凡造脯太厚而大，則易致傷敗。故臣欲令稍減，俾不遠於禮文尺

數，而若不稟定，則祭所點責之患必至。自明春爲始，稍減其厚與長、廣似好矣。”從之。【上同】

二十一年乙丑正月，本署都提調趙顯命啓：“凡社稷奉審，有望神室禮，而近來春秋奉審時，戶、禮郎不行望禮，直爲奉審，事甚駭異。此後則使之依謄錄行望禮，何如？”從之。【《禮曹謄錄》、《本署謄錄》合錄。】

五月，本署報禮曹：“本署神室近處墻垣崩頹，行慰安祭，卽𠛬行之典，則不可不預爲定界。大抵西南墻最近於神室，從其墻隅計其把數，則自西墻隅北至西紅箭門爲二十把；自南墻隅東至南紅箭門，亦爲二十把。日後西南兩門之間，有墻頹之患，則慰安祭設行與否，當自本署預爲講定後，臨時報于本曹，以爲擧行之地云云。”【《本署謄錄》】

三十年甲戌十二月，右副承旨李裕身啓：“太廟祭享時獻官、諸執事盥洗位所用勺，與尊所龍頭勺，一般體樣，故或不無混雜之患。盥洗所用勺，以別制改造，俾勿相雜，何如？”上曰：“聞涉寒心。凡祭器勺，皆龍頭勺，盥洗勺造爲花蕚，廟、社、殿各三件，其令該曹今月內造成。”【上同】

三十九年癸未九月，領議政洪鳳漢啓：“祭享鹿醢，以獐代用，終涉未安。日前特敎之後，勢當以鹿進排，而許多祭享，盡用鹿醢，其勢末由矣。”上曰：“壇、廟、社與文廟正殿大享，用之可也。”【上同】

四十三年丁亥正月，命廟、社享祀，復古禮用旨酒，祭畢後尊餘酒，飮福餘酒，典祀官灌於淨潔處。【上同】

四十七年辛卯正月，命社稷祈穀祭受香時儀仗，依大祭例待令。【上同】

五月，判府事金陽澤啓："壇、廟、社、山川大祭，所進果實中黃栗、大棗，曾以柏子、胡桃、銀杏等果推移代封矣。辛巳年故相臣尹東度爲戶判時，以不宜代封筵稟，定式。而近聞夏月所用棗、栗，多有所傷云。蓋宗、社祭享所進，例不去皮，而至於棗、栗，雖去皮，不能剖見，故裏內所傷，無以知之。依舊例代封，何如？"上曰："依爲之。"【上同】

五十年甲午五月，領議政金相福啓："社稷攝行告祭，本用一豕，而今春祈穀祭後，有'雖不太牢，一豕太簡，此後用二豕'之敎，而其後因禮判稟定，只祈穀祭用二矣。今番祈雨祭，依前用一豕，四位以一豕分用，未免苟艱。祈雨、祈穀，似當一體，故仰達矣。"上曰："此後則凡於攝行祭，依太室例擧行。"【上同】

正宗六年壬寅正月，禮曹判書金魯鎭啓："祈穀祭攝行，旣是小祀，則祭官外，元無用齊之例。《五禮儀》如先農、先蠶、釋奠祭，亦不用齊，中、小祀同然。而祈穀祭則因辛卯祭官致齊之特敎，仍成近年通行之規。此後一從《五禮儀》，非親享則祭官外，勿爲通用齊戒，何如？"從之。【上同】

十六年壬子十月，承旨洪義榮所啓："莫重祝文，只於傳香時，獻官與香官，一次校準，事欠敬謹。此後則塡祝時，獻官與大祝及廟司，同爲校準，而若有不審之失，則準祝諸臣，竝爲論勘，廟、宮、園、墓，一體定式施行。仍以此意書揭香大廳，以爲永久遵行之地，何如？"從之。

十七年癸丑正月，〔同副承旨成鼎鎭啓曰〕[12]：“親行祈穀大祭時，監察洪光一以爲‘內井之水，如或乾涸，則預修外井，以備汲用者，自是西部修井官之責也。今番親臨時，內井旣已乾涸，而外井不卽修治，以致汲用之無路，臨時罔措。及其擇井汲水之時，不但修井官之不爲審視，下隸亦不待令，其不念所重，全事怠慢者，莫此爲甚，當該部官，不可無警責之道’云。臺監呈課旣如此，揆以事體，極涉未安。請西部修井官捧現告，拿問重勘。”答曰：“不允。修井官事，此非部官之罪。爲提擧者，若能常常申飭，則豈有臨時苟且之弊乎？況前期一日進去，則所察飭者果何事？該署提擧徐有隣，爲先遞差。當該郞官等新入者外，拿問重勘。當該典祀官，亦爲拿處。行首守僕，令該曹嚴杖懲[13]勵。爾等職在臺閣，而豈可徒謄呈課，惟從監察之坐云立云乎？縱不致[14]直斥明水不察之官，竝與提擧、典祀官而不論，如許臺體，今始初見。爾等從重推考，當該臺監亦爲推考。近日臺監，惟於無勢人呈課，爲塞責之計，新入者亦效之。文、蔭、武監察中，仕日最久人，亦爲拿問處之。”

政院啓：“本署大小祭享時，內外井通用事定奪。”

九月，行副司直李文源啓：“廟宮門鑰，事體與闕門無異，故天明後，始許開鑰。而昨冬因下敎，大祭罷後，樂工、熟手竝卽開門出送，而享官以下，以留門之故，不得一時出去。旣已竣事之後，多官之無端淹留於肅嚴之地，亦涉未安，此後則一體出送。祭器入庫後，終獻官、監察亦令隨出廟宮，朔望及各祭享處所，亦皆依此例擧行似好。故敢此仰達矣。”禮曹判書閔鍾顯曰：“臣意與此重臣無異，依此施行，恐爲便當。”上曰：“依爲之。”

二十一年丁巳正月，掌樂提調閔鍾顯所啓：“大享入齋，何等肅敬之地？而樂工輩之出入無常，事極未安。自昨年臘享時，謹依聖敎，另加嚴飭，俾勿如前，而稍久之後，或致漸弛。以此書揭壇

12 **同……曰** 底本에는 없는데, 《承政院日記》 正祖 17年 1月 7日 조에 근거하여 보충함.

13 **懲** 底本에는 “徵”으로 되어 있는데, 일반적인 용례에 근거하여 수정함.

14 **致** 《承政院日記》 正祖 17年 1月 7日 조에는 “敢”으로 되어 있음.

司、廟司、宮司、齋所及守門廳，以爲永久遵行之地，春曹、樂院亦爲一體揭壁申飭之意，分付何如？”上曰：“依爲之。”

二十三年己未十二月，右承旨鄭尙愚啓：“今日社稷臘享大祭誓戒時獻官草記，以祭監、監察來呈，此實謬例。監察非〔但〕[15]與該司郎官有異，祭監呈課，自是常規，豈可以獻官之意，來呈草記乎？此後誓戒時，大臣爲獻官，則草記自當以政府、樞府或備邊郎呈之，其外獻官，以壇司、廟司來呈事，定式施行似好。故敢此仰達矣。”上曰：“依爲之。而雖非大臣爲獻官時，宗親、儀賓與國舅、領敦寧、勳臣、府院君，皆是五上司也，使各該郎官來呈事定式，誓戒時刻當頭，則使壇司、廟司來呈可也。”

二十四年庚申三月，禮曹判書李晩秀啓：“今番庭試，實是莫大之慶科，諸司蔭官之公役相値者，皆令從便推移，許其觀光，寔出廣慶覃恩之聖念。而社稷、太廟官員，前則有文郎，故蔭官得以替直入場矣。盡爲蔭官之後，入直〔官〕[16]獨未赴試，而廟、社入直，事體莫重，不可以假官替直，無他闊狹之道云。適因言端，敢此仰達矣。”上曰：“禮曹郎廳中，各別擇送，代直後草記，以此定式可也。”

〔當宁三年癸亥十一月，本署都提調李時秀啓：“臣今日三更量，伏聞社稷樂器庫失火之報，萬萬驚遑。與本署提調臣趙尙鎭馳進奉審，則落葉堆積處，偶然失火，延及於樂器庫，三間盡爲燒燼，樂器之未及搬出者，亦多被燒矣。雖幸趁卽撲滅，莫重之地，有此震驚，似當有慰安之擧。令該曹稟旨擧行，令戶曹·禮曹堂上、掌樂提調，待天明進詣奉審後，庫舍卽爲改建，被燒樂器，亦爲改備。臣之常時不善檢飭之罪，萬萬惶恐，而本署入直官員之不能致愼，誠極駭然，令該府拿問重勘，守直下屬等，令攸司從重科治，何如？”傳曰：“允。”〕[17]

15 **但** 底本에는 없는데, 《承政院日記》 正祖 23年 12月 17日 조에 근거하여 보충함.

16 **官** 底本에는 없는데, 《承政院日記》 正祖 24年 3月 17日 조에 근거하여 보충함.

17 **當宁……允** 底本에는 없는데, 奎章閣本에 근거하여 보충함.

本署雜事

宣祖十八年乙酉，秋享臨陳設，國稷位版亡失，卽啓其由，倉皇設虛位行之。大爲搜覓，旋得於壇墻內樹下，乃守僕朱洪欲陷其署官而偸埋之也。論洪以大逆，依律緣坐。【金始煒《彙言》】

仁祖十三年乙亥，社稷祭省牲時，祭牛迸出，逼傷獻官。禮曹判書洪瑞鳳入講筵啓曰："社稷省牲時，祭牛迸出，逼傷祭官，此亦古所罕聞。傳曰'不見其形，願察其影'。變陰沴爲休祥，只在聖上一念，廓開言路，又當今急務。且今年大風連吹，多有拔木之災。多係兵象，虜釁方生，變異疊見，臣以爲不可無先事之戒焉。"【洪瑞鳳《行狀》、金始煒《彙言》合錄。】

顯宗二年辛丑四月，左參贊宋浚吉啓："社稷守僕，只是六名，常時祭祀時，旣甚苟艱，而每當親祭時，不成貌樣，至於借來他司，合有變通之道矣。"上曰："言于該曹，使之擧行。"禮曹啓請："社稷守僕六名外，加出二名。"依允。【《禮曹謄錄》】

十四年癸丑八月，本署提調鄭榏啓："本署典僕數少，大祭時極爲苟艱，他各寺奴婢有裕處，十餘口劃給，何如？"上曰："京奴婢十五口，令該院劃給。"【《本署謄錄》】

肅宗九年癸亥三月，禮曹啓："社稷署祭器庫修築時，掘土於庫間近處，得石磬十九枚，形體全完。其中數枚則顯有烟燻之跡，磬面所刻字數宛然，而又刻癸丑二字，此必兵燹時庫舍頹壓，因爲埋置也。招典樂示之，則長短、厚薄，比諸時用石磬，參差不同，

傷於火焰，石理拆裂，勢難用之云。而旣掘之後，無他處置之道，移送掌樂院之意，敢啓。"【《禮曹謄錄》、《本署謄錄》合錄。】

十一年乙丑三月，領議政金壽恒啓："社稷西墻外，地最深僻，且有水石，閭閻無賴輩，作爲遊戲之所。至於淫祀之類，皆入其處，錚鼓歌管之聲，震擾社壇，而些少壇屬，無以禁止。請令京兆嚴加禁斷。"從之。【《本署謄錄》】

三月，本署報漢城府："本署無除草之事，掃雪軍只三十名，依宗廟、南別殿例，定給役軍。自四月至八月，每朔一番除草，冬間掃雪時，優定役軍，竝令當部官員領來赴役爲宜。"漢城府題："除草軍每月十名定送，掃雪軍臨時參酌加定。"【是後自四月初一日至八月晦日，除草軍七名，自該部逐日定送，掃雪軍、該部書員，隨時領付。親祭時，五部同入修掃；攝事時，該部修掃。○上同】

十二年丙寅閏四月，禮曹判書呂聖齊啓："今見社稷參奉所報，則近來松蟲漸爲熾發云。此難以人力捕盡，而社稷異於他處，不可置而不捕。請令漢城府調發坊民，使之試捕。"依允。【《禮曹謄錄》】

二十八年壬午七月，本署啓："本署守直軍，只是十名，而祭壇內外修掃及祭器等庫各處守直，常患不足。故屢有特教，凡於大小分軍，絶不得調用。而今於本署墻垣之役，兵曹令守直軍擔當修築，役處浩大，畢役無路。乞令兵曹定送役軍，從速修築。自今以後分軍時，雖本署使役，勿爲調用事，永爲定式，何如？"從之。【《本署謄錄》】

三十七年辛卯三月，禮曹啓："南漢所營建社稷權安處，依國社神室例爲之事，允下矣。今方與本署守直官奉審圖形，而宗廟權安處，旣不得用太廟之制，則社稷權安處，似亦不必一依神室例。

奉審後略倣其制，而務從簡約，何如？”從之。【《禮曹謄錄》】

英宗九年癸丑二月，漢城府啓：“因禮曹啓請，社稷壇北來脈，民人造家處撤毁事，允下矣。卽令摘奸，則壇脈壓臨造家者十戶，故竝爲撤毁，而穿鑿處，使之塡土後植松之意，敢啓。”【《本署謄錄》】

十三年丁巳十一月，禮曹判書宋眞明啓：“社稷壇墻垣外，山脈多有頽缺處，水道壅滯，前頭潰決可慮。故昨日定送郎官看審，則不可不趁卽擧行，而役處亦不浩大云。及此日候稍暖之時，使之補築，何如？”從之。【《禮曹謄錄》】

十八年壬戌十一月，遣樂師至燕京，受造笙簧法。我國舊不曉制笙簧，金葉脫落則棄不用，每年貿於中朝，其費不貲。至是特遣樂師一人，付賀至使臣之行，傳受造法而來，於是每年貿來之弊遂絶。然終不能黏固，如中國所造。舊《軌範》中有和、竽、簫三者，而今無之，是時始貿簫而來，以備社稷、太學、諸山川祭祀之用。【舊《春官志》】

十九年癸亥十月，禮曹啓：“卽接社稷署所報，則昨日風雨壇壝西邊岸上，大松木一株，自高枝至根底，皮甲雷震裂拆云。神室至近之地，有此雷震之變，不可無慰安之擧。慰安祭不卜日，以十三日設行，雷震松木，令該曹斫去，何如？”依允。【《禮曹謄錄》】

二十三年丁卯八月，本署都提調趙顯命啓：“社稷員役，本甚苟艱，文書擧行之際，不可無書員，而書員元無朔布，常以雇軍朔布代給矣。頃因傳敎，罷去雇軍，盡立鄕軍，故書員代給之布，亦從而無之矣。曾於癸丑年，以年凶權減軍一名，今若依舊更出一名，以其料布移給書員則好矣。”上曰：“子曰‘必也正名乎’。書員、軍士雇立則一也，而以軍士朔布給書員，事甚苟且矣。”顯命曰：“聖教誠然矣。然則在前亦有加出之例，今亦依下教加出書員一名，何如?”從之。【《本署謄錄》】

二十八年壬申五月，本署提調李益炡啓：“臣月前以宗廟守直鄕軍中減其元數，代以使令立役事，仰達蒙允矣。廟、社事體，宜無異同，社稷守直鄕軍中，四名除出，以使令一體立役，恐合事宜。”上曰：“依所達差出使令宜矣。”【上同】

三十年甲戌十二月，本署啓：“夜間有虎越入本署北墻，仍越西墻而去，事極驚駭，亟令三軍門捉得，何如?”依允。【上同】

三十一年乙亥九月，本署奴婢舊案一件及當年推刷昌寧奴婢案一件，移送戶曹。嶺南奴三十六口，婢二十九口，貢木奴每口一疋半，婢每口一疋，合木八十三疋代錢一百二十六兩，木二十疋，每年十月初一日，受來於均役廳，以需本署一年公用。【上同】

當宁十二[18]年壬申二月，兵曹甘結：推鞫時騎兵抽出事。以祭享重地，不得抽用懸頉。

18 二 底本에는 “一”로 되어 있는데,《社稷署謄錄》에 근거하여 수정함.

同月，節目：本署守僕，數旣不多，各有分掌，而至於文書去來，錢布捧下之際，不可無主管者。故曾於二去癸亥年分，差出書員一人，兼管庫直名色，料布則其後丁卯，筵稟區劃，使之多年擧行矣。忽自癸丑年分，庫直名色，別爲㧋出，書員料米，分而給之，不但彼此所食，極甚零星，額外員役，實涉無義。且外邑奴婢革罷之後，庫直名色，尤爲不緊，況無所掌之庫物！又不服役於官司，則其無義意，誠爲萬萬。自今爲始，庫直一窠，永爲革罷，仍復舊例，以書員兼庫直擧行，永久遵行事。【出《本署謄錄》。】

八月, 移文左右捕廳: 本署事體, 何等嚴重? 而昨日申後, 柴賊越墻取柴之際, 守衛軍數名, 左右逐進, 則賊漢飛身上墻, 脫瓦攻擊, 軍不敢近, 因爲逃走。白晝猶尙如此, 況其夜深乎? 此不可以一時柴賊歇看。前日如此之時, 已有祭器偸去之弊, 今若仍置, 則來頭之弊, 不知至於何境乎? 到關卽時, 擇定校卒, 期於詗捕, 依法重繩事。

十月, 兵曹啓: "卽接社稷署所報, 則本署入直守門將、訓鍊院主簿權思龍, 昨日申後, 遭故出去, 而至于下鑰, 仍爲闕直云, 聞甚驚駭。査問其委折, 則當次入直訓鍊院主簿李亨泰, 趁不就直, 以致多時闕直之境, 事未前有。李亨泰爲先汰去, 其罪狀, 令該府拿問處之, 何如?" 傳曰: "允。"

十四[19]年甲戌六月, 牒報戶曹: 本署奉安《儀軌》, 自是逐年修正, 而因循未遑, 已至十餘年之久。今方鱗次修正計料, 寫字官一員, 每日供饋次及紙筆墨, 依例磨鍊上下事。

19 **四** 底本에는 "三"으로 되어 있는데, 《社稷署謄錄》에 근거하여 수정함.

經亂事實

宣祖二十五年壬辰四月晦日，上西幸避倭寇，命祠官奉廟、社主先行。至松京，奉安于穆淸殿。五月初三日，車駕促發，倉卒禮官奉瘞于殿庭之右。駕到寶山站，宗室海豐君耆、錦山君誠胤等，執左議政尹斗壽手，痛哭曰："古今寧有無廟、社之國乎?"斗壽曰："微公言，國不國矣。"遂遣禮官陪來。初十日，社稷參奉趙公瑾奉社主，至平壤。六月，車駕轉向義州，命世子奉廟、社主，別由他路，自博川入黃海、江原等道，以圖興復。二十六年癸巳正月，上發義州，回駐定州。世子自成川奉廟、社主，赴行在。四月賊退。九月，上將還都，留王妃、世子，奉廟、社主留海州。十月，車駕還都，權奉廟、社主於貞陵洞戚臣沈連源家。【朴東亮雜記、《文獻備考》、舊《春官志》合錄。】

三十年丁酉，倭寇再動，廟、社主西遷，至黃海道遂安郡。十月，復還都。上幸興仁門外，迎廟、社主，至於權安所，行焚香禮。【《國朝寶鑑》、《文獻備考》合錄。】

仁祖十四年丙子十二月初十日，淸兵猝迫京城。十四日朝，先奉廟、社主，移入江華。午時，大駕繼發至崇禮門，聞淸騎已到弘濟院，旋入南漢山城。十五日夕，山城被圍。

十五年丁丑正月二十二日，淸兵渡甲串陷江都，廟、社都提調尹昉，率宗廟奉事池鳳遂、社稷參奉李震行等，埋安廟、社主，被淸兵掘出，再埋再掘。蒼黃之際，社主四位趺方見失，尹昉等僅得收奉。二十九日，奉至南漢城下。已而大駕還都，御昌慶宮，權安廟、社主於時敏堂。【東宮書筵所。】尹昉因臺啓罷職。三月初三日，禮曹啓："社稷位版無一位完全，令奉常寺改造，何如？"上曰："廟、社神位，觸傷油染之位，仍爲奉安，殊極未安，竝爲改造，以盡情禮。"十六日，禮曹以別單啓曰："廟、社神位更爲奉審，則國社位前面，多有微痕而不至大段。后土氏位前面，亦有微痕而不至大段，前上面有些少油染處。國稷位前面，亦多有微痕而不至大段，後面有些少油染處。后稷氏位前左邊之隅，微有凹處而不至大段。竝不當改矣。"上曰："大臣、六卿會議稟定。"禮曹啓："領議政金墪、右議政李聖求、兵曹判書申景禛、工曹判書具宏、吏曹判書崔鳴吉、戶曹判書李景稷議以爲'遭此無前之變，未有古禮可據。臣等之始爲持難者，蓋出愼重之意，而旣見有傷痕，則依聖敎改之宜當'。以奉審單子言之，則廟、社神位未有完全之位，竝與其所謂不當改者而改之乎？抑但改其所見未安之位乎？敢稟。"傳曰："以不當改懸錄之位，勿爲改造。"二十二日，禮曹啓："當初提調奉審時，雖以不當改懸錄，而且有前面多有微痕之語。故三公、六卿以爲'社主位版四位，竝當改'。未知何如。"傳曰："問于大臣定奪。"禮曹啓："大臣議以爲'社稷位版前面，旣有傷痕，趺方又爲改造，則仍存位版，果涉未安，竝改恐爲宜當'。左議政洪瑞鳳議以爲'臣當初以提調奉審時，目覩位版前面微有傷痕，而不至大段。且慮三百年位版，不至於汚衊毁傷，則全改重難，只請改造趺方矣'。今三公、六卿以'有傷痕，竝改宜當'，入啓云，臣何敢更進別見？"傳曰："依議。"四月初二日，修理都監啓："社稷位版四位，今方改造，尺數問於禮曹，則回報內'「長、廣尺數不載於《五禮儀》，本曹亦無可考之地，移文京畿監司處，道內大邑完存位版，使之見樣圖送，則水原位版及趺方見樣來到，而比諸時敏堂奉安位版見樣，則國社、稷位版稍長稍廣，今此改造趺方，亦稍長稍廣於水原見樣，似爲宜當」事，入啓，傳曰「依啓」事啓下'之意，移文矣。國社、稷位版，長二尺二寸五分，廣四寸六分，厚九分；水原位版見樣，長一尺八寸七分，廣四寸，厚七分，則不可謂稍長。況國社、稷位版下端，有入趺方四寸六分之痕，趺方高應爲四寸六分。而水原位版趺方，則高只一寸七分，其高如是不同，則其長、廣亦難斟酌。請令禮曹更爲商確明白定奪，以爲造作之地，何如?”傳曰:“依啓。”初四日禮曹啓:“取奉常寺所藏風雲雷雨位版見樣，比諸國社、稷位版，則身長、厚、廣及趺方之高，少無差殊，趺方長、廣之不異，據此可知。以此移文都監之意，敢啓。”傳曰:“知道。”閏四月十九日，宗廟都提調李弘胄·提調尹墀、社稷都提調崔鳴吉·提調韓汝溭[20]啓:“今日宗廟神主奉審時，社稷位版竝爲奉審，則略有沙痕而本不大段。二百餘年虔奉之位，輕爲改造，極涉未安，不如只造見失趺方，仍爲奉安之爲便，敢陳所見。”傳曰:“依啓。”廟、社主洗沐及改題吉日，五月初四日卯時；廟、社主奉移吉日，同月初六日卯時，啓下。【《宗廟儀軌》】

備邊司啓:“變異之作，皆天地神祇之譴怒。而土屬於社，農本於稷，今我國家遭此無前之變，祈禳之方，亦不可廢。請令詞臣別構祭文，虔禱以求神明之佑。”從之。【《文獻備考》】

20 溭 底本에는 “稷”으로 되어 있는데, 史冊과 文集 등에 근거하여 수정함.

社稷署儀軌

卷之四 故事中

親臨享祀

太宗五年乙酉，禱雨于社稷。【《文獻備考》】

世祖乙亥八月,【卽位年】親祭社稷，設飮福宴于思政殿。【《國朝寶鑑》】

成宗二年辛卯，親祭社稷。【《文獻備考》】

宣祖三年庚午，親祭于社稷祈雨，是日雨。【《國朝寶鑑》】

仁祖元年癸亥四月，旱，上下敎責躬、避殿、減膳，親禱雨于社稷。【上同】

七年己巳五月，大旱，上親禱雨于社稷，方祭而雨，有司設幕進雨傘，竝却之，御衣盡濕。【上同】

十七年己卯五月，大旱，上下敎求言，審理京外罪囚，親祈雨于社稷，明日乃雨。【上同】

孝宗元年庚寅六月，旱、蝗，上親祈雨於社壇。【上同】

二年辛卯五月，旱，上下敎責躬、求言、減膳，審理寃獄，疏決罪囚，親禱雨于社壇，是日大雨。【上同】

顯宗九年戊申，上祈雨于社稷。【《文獻備考》】

肅宗七年辛酉五月，旱，上親禱雨于社稷。【《本署謄錄》】

十一年乙丑七月，旱甚，上親禱社稷。【《肅廟寶鑑》】

十二年丙寅七月，上親禱雨于社稷，是日雨。翌曉遣大臣行報謝祭。【《本署謄錄》】

二十二年丙子正月，上親祈穀于社稷。【上同】

二十三年丁丑四月，上親禱社壇，還宮之路，駕臨義禁府前路，駐輦街上，命放外方罪囚及捕廳罪人，又命應入歲抄者皆蕩滌。【《肅廟寶鑑》】

二十七年辛巳五月，上詣社稷兩壇，行祀訖，將還宮，歷御義禁府虎頭閣，慮囚。【《國朝寶鑑》】

二十八年壬午二月，上親享于社稷。【《本署謄錄》】

三十四年戊子二月，上親享于社稷。【上同】

五月，亢旱，上御步輦詣社稷，終日終夜，仍御帳殿。諸臣苦請移御齋室，上終不許。是日雨，翌朝始霽。【《國朝寶鑑》】

三十六年庚寅八月，上親享于社稷。【《文獻備考》】

景宗元年辛丑六月，旱，上親禱雨于社稷。【《禮曹謄錄》】

二年壬寅四月，旱，上御小輿，親禱雨于社壇。王世弟請乘輦，不

聽，徹夜行祀，是日雨。【《國朝寶鑑》】

三年癸卯二月，上親享于社稷。【《禮曹謄錄》】

英宗元年乙巳七月，大旱，上親禱于社壇。【《國朝寶鑑》】

二年丙午正月，上親祈穀于社稷。先是相臣閔鎭遠言："往在乙亥大歉後，先大王親行祈穀祭，是歲稍登。近來凶荒洊臻，遵行先軌，則有光聖德矣。"教曰："先朝則精誠格天，以致年豐，予則誠意淺薄，何敢望格天？而其在靡不用極之道，豈可不遵承乎？"遂以正月上辛，行親享禮。前一日，上詣社壇，具翼善冠、黑團[1]領袍、玉帶、黑靴，行禮如儀。是夜寒氣懍慄，烈風捲地，與祭諸臣皆呵凍側足，上不御煖帽，徹宵嶷立，始終無惰容，禮畢。改視事服還宮。【《國朝寶鑑》、《文獻備考》合錄。】

1 團 奎章閣本과《國朝寶鑑》英祖 2年 1月 조에는 "圓"으로 되어 있음.

三年丁未正月，上親行祈穀祭于社壇。先是禮曹啓言："上辛祈穀，如例遣大臣攝行。"上曰："今年親禱，微誠未格，穡事未登。然豈敢以誠淺未格而懈其誠乎？亦當躬行。"及是上宿齊於社壇臨祭，教曰："爲民祈穀，敢自逸乎？"遂步詣祭所。諸承旨固請乘輿，不從。【《國朝寶鑑》】

七月，久旱，上親禱于社壇。命減儀仗，御步輦入神門。教曰："百官皆步從，今玆之咎，寔在于予，予亦當步。"乃步至齋殿。臨祭雨下如注，命親行報謝祭。回鑾時駐蹕惠政橋，疏釋罪囚。【上同】

七年辛亥五月，旱甚，上親禱社壇。【上同】

八年壬子六月，大旱，上親禱社壇。【上同】

九年癸丑正月, 上親祈穀于社稷。【《本署謄錄》】

十年甲寅正月, 上親行祈穀祭于社稷。既誓戒, 有逆獄當親鞫。上曰: “爲民祈年, 豈不重耶?” 命過祭後乃鞫。【《國朝寶鑑》】

七月, 旱, 上親禱雨于社稷。【《本署謄錄》】

十二年丙辰正月, 上親祈穀于社稷。【《禮曹謄錄》】

十三年丁巳正月, 上親祈穀于社稷。【上同】

七月, 旱, 上親祈雨于社稷。時上不豫, 筵臣言: “在誠不在禮。” 上曰: “成湯非不足於誠, 何爲代犧桑林乎?” 竟親行。還至金吾門前, 命放釋輕囚。【《國朝寶鑑》】

十四年戊午正月, 上親祈穀于社稷。【《禮曹謄錄》】

五月, 旱, 上親禱雨于社稷。【上同】

十五年己未五月, 久旱, 上親禱社壇。【《國朝寶鑑》】

八月, 上親享于社稷。【《本署謄錄》】

十六年庚申正月, 上親祈穀于社稷。【上同】

十八年壬戌八月, 上親享于社稷。【上同】

十九年癸亥閏四月, 旱, 上親禱雨于社稷。【上同】

二十九年癸酉五月，旱，上親禱雨于社稷。【上同】

三十二年丙子二月，上親享于社稷。方行事，上氣眩不豫，扶入幄次，進蔘茶少瘳。大臣、諸臣力請攝行，上曰："予方祈穀，歲若豊登，雖以身代無憾也。"復詣壇卒事。【《國朝寶鑑》】

三十五年己卯閏六月，旱，上親禱雨于社稷。【《本署謄錄》】

三十六年庚辰六月，旱，上親禱雨于社稷。【上同】

三十八年壬午六月，旱，上親禱雨于社稷。【上同】

四十年甲申五月，旱，上親禱雨于社稷。【上同】

正宗元年丁酉五月，旱，上親禱雨于社稷。

二年戊戌十二月，上親享于社稷。

三年己亥正月，上親祈穀于社稷。

四年庚子正月，上親祈穀于社稷。

五年辛丑正月，上親祈穀于社稷。

十二月臘享前一日，上親省牲器于社稷。

六年壬寅正月，祈穀祭前一日，上親省牲器于社稷。

七年癸卯正月，上親祈穀于社稷。

八年甲辰正月，上親祈穀于社稷。

九年乙巳正月，上親祈穀于社稷。

十年丙午正月，上親祈穀于社稷。

十一年丁未正月，上親祈穀于社稷。

十三年己酉正月，上親祈穀于社稷。

十五年辛亥正月，上親祈穀于社稷。

十六年壬子正月，上親祈穀于社稷。

十七年癸丑正月，上親祈穀于社稷。

十八年甲寅正月，上親祈穀于社稷。

十九年乙卯正月，上親祈穀于社稷。

二十年丙辰正月，上親祈穀于社稷。

二十二年戊午正月，上親祈穀于社稷。

二十四年庚申正月，上親祈穀于社稷。

當宁四年甲子二月, 上親享于社稷。

十年庚午正月, 上親祈穀于社稷。

十一年辛未四月, 旱, 上親祈雨于社稷。

五月, 上親行祈雨報謝祭。

當宁八年壬寅八月, 上親享于社稷。

攝行祈告

孝宗十年己亥三月, 行神室雨漏處及亂簾修改告由、移安、還安祭。【《禮曹宗社謄錄》】

七月, 行正殿北簷雨漏處修改告由、移安、還安祭。【上同】

顯宗元年庚子六月, 行紅箭門修改告由祭。【上同】

七月, 行壇北墻、階砌修改告由祭。【上同】

二年辛丑四月, 行祈雨祭。【上同】

同月, 行神位方席修改告由、移安、還安祭。【上同】

七月, 行大王大妃殿上尊號告由祭。【上同】

同月, 行王大妃殿上尊號告由祭。【上同】

同月, 行中宮殿冊禮告由祭。【上同】

三年壬寅正月, 行神室亂簾修改告由祭。【上同】

四年癸卯四月, 行神位欌改漆告由、移安、還安祭。【上同】

五年甲辰三月, 行神室亂簾修改告由祭。【上同】

七年丙午三月, 行神位欌塗排及改漆告由、移安、還安祭。【上同】

七月, 行神室龍頭修改告由、移安、還安祭。【上同】

十一年庚戌閏二月, 行神室墻垣及臺石修改告由祭。【上同】

十二年辛亥三月, 行神室雨漏處修改告由、移安、還安祭。【上同】

十三年壬子四月, 行神室地衣及奉安欌修改告由、移安、還安祭。【上同】

十月, 行神室亂簾修改告由祭。【上同】

十四年癸丑四月, 行神室仰壁修改告由祭。【上同】

十月, 行神室亂簾修改告由祭。【上同】

肅宗元年乙卯六月, 行神室地衣修改告由、移安、還安祭。【上同】

二年丙辰九月, 行神座方席修改告由、移安、還安祭。【上同】

十月, 行大王大妃殿、王大妃殿上尊號及中宮殿冊禮告由祭。【上同】

三年丁巳三月, 行神室門板箭改以細箭合閤告由、移安、還安祭。【上同】

七月, 行神室仰壁修改告由、移安、還安祭。【上同】

四年戊午十月, 行神室亂簾修改告由祭。【上同】

五年己未十一月, 行神室亂簾修改告由祭。【上同】

六年庚申四月, 行壝門甎墻修改告由祭。【上同】

七月, 行神室仰壁及地衣修改告由、移安、還安祭。【上同】

八月, 行神室墻垣修改告由祭。【上同】

七年辛酉六月, 行神室亂簾及樂器庫修改告由祭。【上同】

八年壬戌六月, 行神室椽頭修改告由、移安、還安祭。【上同】

九年癸亥八月, 行神室丹靑修改告由、移安、還安祭。【上同】

十一月, 行上候平復告由祭。【上同】

十年甲子九月, 行神室亂簾及壇墻修改告由祭。【上同】

十一年乙丑二月, 行神室仰壁修改告由祭。【上同】

四月, 行神室龍頭及瓦子修改告由、移安、還安祭。【《本署謄錄》】

十一月, 行祈雪祭。【上同】

十二年丙寅正月, 行神室亂簾修改告由祭。【上同】

十月，行神室亂簾修改告由祭。【《禮曹宗社謄錄》】

十三年丁卯七月，行墻垣修改告由祭。【上同】

十一月，行神室亂簾修改告由祭。【上同】

十四年戊辰五月，行神室東西椽修改告由、移安、還安祭。【上同】

閏七月，行北神門修改告由祭。【上同】

八月，行神櫳內塗排修改告由、移安、還安祭。【上同】

十月，行神位版方席及室內地衣修改告由、移安、還安祭。【上同】

十一月，行神室墻外松木雪壓慰安祭。【上同】

同月，行神室後面松木雪壓慰安祭。【上同】

十五年己巳四月，行神位櫳及神室丹青修改告由、移安、還安祭。【上同】

七月，行神室仰壁修改告由、移安、還安祭。【《禮曹宗社謄錄》】

十六年庚午六月，行王世子冊禮告由祭。【《本署謄錄》】

七月，行神室亂簾修改告由祭。【《禮曹宗社謄錄》】

十七年辛未閏七月，行神室雨漏處修改告由、移安、還安祭。【上同】

十八年壬申正月，行神室丹青修改告由、移安、還安祭。【上同】

同月，行神室雨漏處修改告由、移安、還安祭。【上同】

二月，行神室內墻修改告由祭。【上同】

五月，行紅箭門修改告由祭。【上同】

六月，行神室雨漏處修改告由、移安、還安祭。【上同】

七月，行神室雨漏處修改告由、移安、還安祭。【上同】

二十年甲戌五月，行中宮殿復位冊禮告由祭。【《本署謄錄》】

十月，行神室改建告由、移安祭。【上同】

同月，行神室改建後還安祭。【上同】

二十一年乙亥四月，行祈雨祭。【上同】

五月，行祈雨祭。【上同】

六月，行祈雨祭。【上同】

十二月，臘享大祭兼行兩壇階砌、紅箭門柱灰及神室亂簾修改告由祭。【上同】

二十二年丙子十二月，行祈雪祭。【上同】

二十三年丁丑正月，行上候平復告由祭。【上同】

四月，行祈雨祭。【上同】

二十七年辛巳二月，行神室亂簾修改告由祭。【《禮曹宗社謄錄》】

四月，行祈雨祭。【《本署謄錄》】

五月，行祈雨祭。【上同】

同月，行祈雨祭。【上同】

六月，行神室雨漏處修改告由、移安、還安祭。【《禮曹宗社謄錄》】

七月，行安香廳重建告由祭。【上同】

八月，行大行王妃昇遐告文祭。【《本署謄錄》】

十月，行神室亂簾修改告由祭。【《禮曹宗社謄錄》】

十二月，行大行王妃啓殯告由祭。【《本署謄錄》】

同月，行大行王妃發靷祈晴祭。【上同】

二十八年壬午正月，行神室樑上塗灰修改告由、移安、還安祭。【《禮曹宗社謄錄》】

六月，行神室雨漏處修改告由、移安、還安祭。【上同】

閏六月, 行神室雨漏處修改告由、移安、還安祭。【上同】

七月, 行室內地衣修改告由、移安、還安祭。【上同】

九月, 行中宮殿冊禮告由祭。【《本署謄錄》】

十月, 行神室亂簾修改告由祭。【《禮曹宗社謄錄》】

二十九年癸未二月, 行神室樑上塗灰修改告由、移安、還安祭。【上同】

五月, 行神室雨漏處修改告由、移安、還安祭。【上同】

六月, 行神室雨漏處修改告由、移安、還安祭。【上同】

九月, 行神室蓋瓦修改告由、移安、還安祭。【上同】

三十年甲申四月, 行神室龍頭修改告由、移安、還安祭。【上同】

七月, 行神室樑上塗灰及丹青修改告由、移安、還安祭。【上同】

十月, 行室內地衣修改告由、移安、還安祭。【上同】

三十一年乙酉七月, 行神位床卓修改告由、移安、還安祭。【上同】

同月, 行神室亂簾修改告由祭。【上同】

十二月, 行上候平復告由祭。【《本署謄錄》】

三十二年丙戌二月，春享大祭兼行壝門修改告由祭。【上同】

六月，行神室雨漏處修改告由、移安、還安祭。【《禮曹宗社謄錄》】

七月，行神室樑上塗灰修改告由、移安、還安祭。【上同】

十月，行神室亂簾修改告由祭。【上同】

三十三年丁亥四月，行神室樑上塗灰修改告由、移安、還安祭。【上同】

七月，行神室雨漏處修改告由、移安、還安祭。【上同】

十一月，行神位櫳修改告由、移安、還安祭。【上同】

三十四年戊子三月，行神室西墻修改告由祭。【上同】

五月，行祈雨祭。【《本署謄錄》】

七月，行神室塗灰修改告由祭。【《禮曹宗社謄錄》】

十二月，臘享大祭兼行神室亂簾修改告由祭。【上同】

三十五年己丑七月，行神室雨漏處修改告由、移安、還安祭。【上同】

三十六年庚寅二月，行上候平復告由祭。【《本署謄錄》】

五月，行祈雨祭。【上同】

同月, 行壇墻修補告由祭。【上同】

閏七月, 行執事廳改建告由祭。【《禮曹宗社謄錄》】

同月, 行神室雨漏處修改告由、移安、還安祭。【上同】

十二月, 臘享大祭兼行神室亂簾修改告由祭。【上同】

三十七年辛卯五月, 行神室雨漏處修改告由、移安、還安祭。【上同】

七月, 行神室亂簾修改告由祭。【《本署謄錄》】

八月, 秋享大祭兼行神室樑上塗灰修改告由、移安、還安祭。【《禮曹宗社謄錄》】

同月, 行神室樑上塗灰修改告由、移安、還安祭。【上同】

十二月, 行中宮殿患候平復告由祭。【《本署謄錄》】

三十八年壬辰正月, 行神室亂簾修改告由祭。【《禮曹宗社謄錄》】

二月, 行神門修補告由祭。【上同】

四月, 行神室塗灰修改告由祭。【上同】

五月, 行祈雨祭。【《本署謄錄》】

九月, 行神室亂簾修改告由祭。【《禮曹宗社謄錄》】

三十九年癸巳正月，行神室塗灰修改告由祭。【上同】

六月，行神室雨漏處修改告由、移安、還安祭。【上同】

七月，行祈雨祭。【《本署謄錄》】

八月，行神室亂簾修改告由祭。【《禮曹宗社謄錄》】

四十年甲午五月，行神室樑上塗灰修改告由、移安、還安祭。【上同】

七月，行上候平復告由祭。【《本署謄錄》】

四十一年乙未三月，行神室塗灰修改告由、移安、還安祭。【《禮曹宗社謄錄》】

六月，行神室雨漏處修改告由、移安、還安祭。【上同】

十二月，行神室亂簾修改告由祭。【上同】

四十二年丙申三月，行神室樑上塗灰修改告由、移安、還安祭。【上同】

六月，行神室樑上塗灰修改告由、移安、還安祭。【上同】

四十三年丁酉五月，行室內地衣修改告由、移安、還安祭。【上同】

十月，行王世子聽政告由祭。【《本署謄錄》】

四十四年戊戌四月，行嬪宮啓殯告由祭。【上同】

同月，行嬪宮發靷祈晴祭。【上同】

五月，行神室樑上塗灰修改告由、移安、還安祭。【《禮曹宗社謄錄》】

同月，行祈雨祭。【《本署謄錄》】

七月，行神室墻垣修改告由祭。【《禮曹宗社謄錄》】

同月，行中宮殿紅疹平復告由祭。【《本署謄錄》】

十月，行神室亂簾修改告由祭。【《禮曹宗社謄錄》】

四十五年己亥三月，行神室樑上塗灰修改告由、移安、還安祭。【上同】

十一月，行神室亂簾修改告由祭。【上同】

四十六年庚子三月，行北神門修改告由祭。【《本署謄錄》】

六月，行大行大王昇遐告文祭。【上同】

十二月，臘享大祭兼行神室亂簾修改告由祭。【《禮曹宗社謄錄》】

景宗二年壬寅二月，行神室樑上塗灰修改告由、移安、還安祭。【上同】

十一月，行神室亂簾修改告由祭。【上同】

三年癸卯十二月，臘享大祭兼行神室亂簾修改告由祭。【上同】

四年甲辰二月，行東紅箭門修改告由祭。【上同】

四月，行東、南壝門修改告由祭。【上同】

五月，行神室雨漏處修改告由、移安、還安祭。【上同】

八月，行大行大王昇遐告文祭。【《本署謄錄》】

十二月，臘享大祭兼行神室亂簾修改告由祭。【《禮曹宗社謄錄》】

英宗元年乙巳正月，行神室雨漏處及亂簾修改告由、移安、還安祭。【上同】

二月，行東邊灰墻修改告由祭。【上同】

二年丙午七月，行神室塗灰修改告由、移安、還安祭。【《本署謄錄》】

八月，行祈晴祭。【上同】

十月，行大王大妃殿、王大妃殿上尊號告由祭。【上同】

十二月，臘享大祭兼行神室亂簾修改告由祭。【《禮曹宗社謄錄》】

四年戊申二月，春享大祭兼行神室亂簾修改告由祭。【上同】

四月，行討逆告由祭。【《本署謄錄》】

五月，行壝門改建告由祭。【上同】

六月, 行神室雨漏處及䕩簾修改告由、移安、還安祭。【《禮曹宗社謄錄》】

同月, 行神室楪上塗灰修改告由、移安、還安祭。【《本署謄錄》】

七月, 行北壝門修改告由祭。【《禮曹宗社謄錄》】

十一月, 行王世子患候祈禱祭。【《本署謄錄》】

同月, 行再次祈禱祭。【上同】

同月, 行王世子薨逝告文祭。【上同】

五年己酉正月, 行王世子啓欑室告由祭。【上同】

同月, 行王世子發靷祈晴祭。【上同】

十二月, 行祈雪祭。【上同】

六年庚戌六月, 行壝門修補告由祭。【上同】

同月, 行敬純王后患候祈禱祭。【上同】

同月, 行敬純王后昇遐告文祭。【上同】

七月, 行祈雨祭。【上同】

七年辛亥六月, 行祈雨祭。【上同】

八月，行長陵遷奉告由祭。【上同】

同月，行祈晴祭。【上同】

十一月，行祈雪祭。【上同】

十二月，臘享大祭兼行神室亂簾修改告由祭。【《禮曹宗社謄錄》】

八年壬子八月，秋享大祭兼行神室亂簾修改告由祭。【上同】

九年癸丑五月，行神室樑上塗灰及位版紙匣修改告由、移安、還安祭。【《本署謄錄》】

七月，行神室雨漏處修改告由、移安、還安祭。【上同】

十二月，臘享大祭兼行神室亂簾修改告由祭。【《禮曹宗社謄錄》】

十一年乙卯正月，行元子定號告由祭。【上同】

十二月，臘享大祭兼行神室亂簾修改告由祭。【上同】

十二年丙辰七月，行神室雨漏處修改告由、移安、還安祭。【上同】

十一月，行北壝門修改告由祭。【上同】

十三年丁巳三月，行神室雨漏處修改告由、移安、還安祭。【上同】

八月，行神室樑上塗灰修改告由、移安、還安祭。【上同】

十二月, 臘享大祭兼行神室亂簾修改告由祭。【上同】

十五年己未五月, 行神室亂簾修改告由祭。【上同】

六月, 行神室雨漏處修改告由、移安、還安祭。【上同】

十一月, 行神室亂簾修改告由祭。【上同】

十六年庚申三月, 行神室雨漏處及亂簾修改告由、移安、還安祭。【上同】

六月, 行室內地衣·蘆簟修改告由、移安、還安祭。【上同】

閏六月, 行神室雨漏處修改告由、移安、還安祭。【上同】

八月, 秋享大祭兼行神室亂簾修改告由祭。【上同】

十月, 行神室前簷蓋瓦及門隻修補告由、移安、還安祭。【上同】

十七年辛酉三月, 行神室亂簾及紅箭門門隻修改告由祭。【上同】

五月, 行神室雨漏處及東壝門·北神門修改告由、移安、還安祭。【上同】

七月, 行神室雨漏處修改告由、移安、還安祭。【上同】

同月, 行神室亂簾修改告由祭。【上同】

十月，行神室女防草瓦及亂簾修改告由、移安、還安祭。【上同】

十八年壬戌三月，行神位奉安欌內塗排及亂簾修改告由、移安、還安祭。【上同】

六月，行祈雨祭。【上同】

七月，行祈雨報謝祭。【上同】

同月，行神室樑上塗灰及雨漏處修改告由、移安、還安祭。【上同】

十月，行神室樑上女夫防草瓦、位版紙匣及亂簾修改告由、移安、還安祭。【上同】

十九年癸亥三月，行神室亂簾及北神門門隻修改告由祭。【上同】

五月，行北神門修改告由祭。【上同】

六月，行神室雨漏處樑上塗灰及亂簾修改告由、移安、還安祭。【上同】

十月，行松木雷震慰安祭。【《本署謄錄》】

十一月，行神室亂簾修改告由祭。【《禮曹宗社謄錄》】

二十年甲子四月，行神室樑上塗灰及亂簾修改告由、移安、還安祭。【上同】

六月, 行神室雨漏處及西紅箭門修改告由、移安、還安祭。【上同】

七月, 行灰墻修改告由祭。【上同】

八月, 行神室雨漏處及亂簾修改告由、移安、還安祭。【上同】

九月, 行聖上入耆社告由祭。【《本署謄錄》】

二十一年乙丑三月, 行神室西內墻崩頹慰安祭。【上同】

四月, 行神室西內墻修改告由祭。【上同】

同月, 行神室雨漏處及南紅箭門修改告由、移安、還安祭兼內墻崩頹慰安祭。【上同】

同月, 行神室內墻修改告由祭。【上同】

七月, 行神室雨漏處修改告由、移安、還安祭。【上同】

同月, 行神室西墻崩頹慰安祭。【上同】

八月, 行再次禜祭。【上同】

同月, 行神室樑上塗灰及西墻修改告由、移安、還安祭。【《禮曹宗社謄錄》】

二十二年丙寅三月, 行神室雨漏處修改告由、移安、還安祭。【上同】

閏三月, 行東紅箭門修改告由祭。【上同】

四月, 行神室丹靑修改告由、移安、還安祭。【上同】

七月, 行神室南墻崩頹慰安祭。【上同】

同月, 行神室南墻修改及國稷神位床卓修改告由、移安、還安祭。【上同】

八月, 行神室南墻崩頹慰安祭。【上同】

二十三年丁卯五月, 行神室塗灰修改告由、移安、還安祭。【上同】

六月, 行北神門外大松拔折慰安祭。【上同】

十一月, 行神室樑上塗灰修改告由、移安、還安祭。【上同】

十二月, 行室內地衣及北神門修改告由、移安、還安祭。【上同】

二十四年戊辰四月, 行神室樑上塗灰修改告由、移安、還安祭。【上同】

二十五年己巳二月, 行王世子聽政告由祭。【《本署謄錄》】

三月, 行神室雨漏處修改告由、移安、還安祭。【《禮曹宗社謄錄》】

六月, 行神室雨漏處修改告由、移安、還安祭。【上同】

九月, 行神門西挾椝木修改告由祭。【上同】

十月, 行神床上所排席修改告由、移安、還安祭。【上同】

二十六年庚午二月, 春享大祭兼行神室亂簾修改告由祭。【上同】

三月, 行神室樑上塗灰修改告由、移安、還安祭。【上同】

四月, 行神室雨漏處修改告由、移安、還安祭。【上同】

七月, 行神室雨漏處修改告由、移安、還安祭。【上同】

八月, 行元孫誕降告由祭。【《本署謄錄》】

十月, 行神室亂簾及壝門修改告由祭。【《禮曹宗社謄錄》】

二十七年辛未三月, 行南壝門灰墻修改告由祭。【《禮曹典享司日記》】

同月, 行神室西墻崩頹慰安祭。【上同】

四月, 行神室西墻及樑上塗灰修改告由、移安、還安祭。【上同】

五月, 行王世孫冊禮告由祭。【上同】

閏五月, 行神室龍頭頹落慰安祭。【上同】

六月, 行神室龍頭及雨漏處修改告由、移安、還安祭。【上同】

十二月，行神室亂簾修改告由祭。【上同】

二十八年壬申三月，行王世孫薨逝告文祭。【《本署謄錄》】

十月，行元孫定號告由祭。【《禮曹典享司日記》】

二十九年癸酉六月，行神欌上雨漏慰安祭。【上同】

七月，行神室龍頭修改告由祭。【《禮曹典享司日記》】

同月，行神室西內墻南灰墻崩頹慰安祭。【上同】

八月，行神室西內墻南灰墻修改告由祭。【上同】

十月，行神室亂簾修改告由祭。【上同】

三十年甲戌五月，行神室雨漏處修改告由、移安、還安祭兼西墻崩頹慰安祭。【上同】

十月，行神室雨漏處及亂簾修改告由、移安、還安祭。【上同】

十一月，行西紅箭門修改告由祭。【上同】

三十一年乙亥四月，行討逆告由祭。【《本署謄錄》】

五月，行受馘告由祭。【上同】

九月，行神室亂簾修改告由祭。【《禮曹典享司日記》】

十一月, 行神室東、西、北三角木只版修改告由祭。【上同】

三十二年丙子三月, 行神室雨漏處及屋上防草瓦修改告由、移安、還安祭。【上同】

八月, 行神室樑上塗灰修改告由、移安、還安祭。【上同】

九月, 行上候平復告由祭。【《本署謄錄》】

三十三年丁丑二月, 春享大祭兼行神室亂簾修改告由祭。【《禮曹典享司日記》】

二月, 行大行王妃昇遐告文祭。【《本署謄錄》】

三月, 行大王大妃殿患候平復告由祭。【上同】

同月, 行大王大妃殿患候祈禱祭。【上同】

同月, 行大行大王大妃昇遐告文祭。【上同】

五月, 行大行王妃啓殯告由祭。【上同】

六月, 行大行王妃發靷祈晴祭。【上同】

七月, 行大行大王大妃啓殯告由祭。【上同】

同月, 行大行大王大妃發靷祈晴祭。【上同】

九月, 行神室亂簾修改告由祭。【《禮曹典享司日記》】

2 上同 奎章閣本에는 "本署謄錄"으로 되어 있음.

三十四年戊寅四月, 行神室樑上塗灰修改告由、移安、還安祭。【上同[2]】

五月, 行祈雨祭。【《本署謄錄》】

七月, 行神室雨漏處修改告由、移安、還安祭。【《禮曹典享司日記》】

八月, 秋享大祭兼行神室西墻崩頹慰安祭。【上同】

同月, 行神室西墻及亂簾修改告由祭。【上同】

三十五年己卯正月, 行上候平復告由祭。【《本署謄錄》】

六月, 行神室西內墻崩頹慰安祭。【《禮曹典享司日記》】

閏六月, 行神室西內墻及雨漏處修改告由、移安、還安祭。【上同】

十月, 行神室亂簾及南、北壝門修改告由祭。【上同】

三十六年庚辰六月, 行北神門改建告由祭。【《禮曹典享司日記》】

八月, 秋享大祭兼行神室女夫防草瓦修改告由、移安、還安祭。【《本署謄錄》】

十月, 行神室亂簾修改告由祭。【上同】

三十七年辛巳七月，行上候平復告由祭。【上同】

同月，行祈雨祭。【上同】

同月，行祈雨報謝祭。【上同】

三十八年壬午二月，行神室後松木折傷慰安祭。【上同】

閏五月，行王世子薨逝告文祭。【上同】

七月，行祈雨報謝祭。【上同】

同月，行王世子啓殯告由祭。【上同】

同月，行王世子發靷祈晴祭。【上同】

九月，行神室樑上塗灰修改告由、移安、還安祭。【《禮曹典享司日記》】

三十九年癸未正月，祈穀祭兼行神室鬣簾修改告由祭。【《本署謄錄》】

二月，行神室雨漏處修改告由、移安、還安祭。【《禮曹典享司日記》】

三月，行神室龍頭頹落慰安祭。【上同】

四月，行神室龍頭修改告由、移安、還安祭。【上同】

六月，行神室龍頭頹落慰安祭。【上同】

七月, 行神室龍頭修改告由、移安、還安祭。【上同】

八月, 秋享大祭兼行神室龍頭頹落慰安及修改告由、移安、還安祭。【《本署謄錄》】

十二月, 臘享大祭兼行神室亂簾修改告由祭。【上同】

四十年甲申二月, 行定宗統告由祭。【上同】

三月, 行神室雨漏處及灰墻修改告由、移安、還安祭。【《禮曹典享司日記》】

八月, 行神室雨漏處修改告由、移安、還安祭。【上同】

四十一年乙酉三月, 行神室樑上塗灰及亂簾修改告由、移安、還安祭。【上同】

五月, 行神室瓦子墮落慰安祭。【《本署謄錄》】

同月, 行神室木只蓋版及瓦子修改告由、移安、還安祭。【上同】

十二月, 臘享大祭兼行神室亂簾修改告由祭。【《本署謄錄》】

四十二年丙戌三月, 行西壝門修改告由祭。【《禮曹典享司日記》】

四月, 行上候平復告由祭。【《本署謄錄》】

六月, 行上候平復告由祭。【上同】

十一月, 行神室樑上塗灰修改告由、移安、還安祭。【上同】

四十三年丁亥二月, 行復古禮用旨酒告由祭。【上同】

四月, 行神室雨漏處及亂簾修改告由、移安、還安祭。【《禮曹典享司日記》】

七月, 行北壝門修改告由祭。【《本署謄錄》】

四十四年戊子二月, 行神室雨漏處及亂簾修改告由、移安、還安祭。【《禮曹典享司日記》】

十一月, 行神室地衣修改告由、移安、還安祭。【上同】

四十五年己丑四月, 行壇壝修改告由祭。【上同】

七月, 行神室雨漏處及亂簾修改告由、移安、還安祭。【上同】

同月, 行上候平復告由祭。【《本署謄錄》】

九月, 行神室後大松顚仆慰安祭。【《禮曹典享司日記》】

四十六年庚寅閏五月, 行神室雨漏處修改告由、移安、還安祭。【《本署謄錄》】

六月, 行神室鋪陳及亂簾修改告由、移安、還安祭。【上同】

十二月, 行上候平復告由祭。【上同】

四十七年辛卯三月, 行北神門修改告由祭。【《禮曹典享司日記》】

五月, 行神室瓦子墮落慰安祭。【《本署謄錄》】

同月, 行神室瓦子修改告由、移安、還安祭。【上同】

七月, 行祈雨祭。【上同】

八月, 行祈雨報謝祭。【上同】

十二月, 臘享大祭兼行神室亂簾修改告由祭。【上同】

四十八年壬辰五月, 行祈雨祭。【上同】

十二月, 臘享大祭兼行神室亂簾修改告由祭。【上同】

四十九年癸巳六月, 行祈雨祭兼報謝祭。【上同】

七月, 行神室雨漏處修改告由、移安、還安祭。【《禮曹典享司日記》】

五十年甲午二月, 行上候平復告由祭。【《本署謄錄》】

五月, 行祈雨祭。【上同】

六月, 行神室雨漏處修改告由、移安、還安祭。【上同】

五十一年乙未四月, 行上候平復告由祭。【上同】

八月, 秋享大祭兼行神室亂簾修改告由祭。【上同】

九月, 行上候平復告由祭。【上同】

閏十月, 行神室楪上塗灰及雨漏處修改告由、移安、還安祭。【《禮曹典享司日記》】

十二月, 行王世孫聽政告由祭。【《本署謄錄》】

五十二年丙申三月, 行大殿患候祈禱祭。【上同】

同月, 行大行大王昇遐告文祭。【上同】

同月, 行嗣位告由祭。【上同】

六月, 行神室西內墻頹圮慰安祭。【上同】

同月, 行神室墻垣修改告由祭。【上同】

七月, 行大行大王啓殯告由祭。【上同】

同月, 行大行大王發靷祈晴祭。【上同】

八月, 秋享大祭兼行神室亂簾修改告由祭。【上同】

同月, 行討逆告由祭。【上同】

正宗元年丁酉二月, 行東壝門修改告由祭。【《禮曹典享司日記》】

五月，行祈雨祭。【《本署謄錄》】

七月，行祈雨報謝祭。【上同】

同月，行神室雨漏處修改告由、移安、還安祭。【《禮曹典享司日記》】

九月，行討逆告由祭兼神室亂簾修改告由祭。【《本署謄錄》】

二年戊戌四月，行貞聖王后追上尊號告由祭。【上同】

五月，行王大妃殿上尊號告由祭。【上同】

閏六月，行神室南墻崩頹慰安祭。【上同】

同月，行神室南墻修改告由祭。【《禮曹典享司日記》】

八月，秋享大祭兼行討逆告由祭。【《本署謄錄》】

三年己亥正月，行神室亂簾及望瘞位修改告由祭。【《禮曹典享司日記》】

二月，行南壝門修改告由祭。【上同】

六月，行淑昌宮啓殯告由祭。【上同】

七月，行淑昌宮發靷祈晴祭。【上同】

同月，行松木折落慰安祭。【上同】

八月，秋享大祭兼行神室蓋瓦修改告由、移安、還安祭。【上同】

四年庚子七月，行神室雨漏處修改告由、移安、還安祭。【上同】

十二月，臘享大祭兼行神室亂簾修改告由祭。【《本署謄錄》】

五年辛丑閏五月，行神室南墻崩頹慰安祭。【《禮曹典享司日記》】

九月，行神室墻垣及亂簾修改告由祭。【上同】

六年壬寅六月，行祈雨祭。【上同】

十一月，行上寶鑑告由祭。【《本署謄錄》】

十二月，行英宗大王尊爲世室、元子定號告由祭。【上同】

同月，臘享大祭兼行神室亂簾修改告由祭。【上同】

七年癸卯正月，行討逆告由祭。【上同】

三月，行英宗大王追上尊號、王大妃殿加上尊號告由祭。

十二月，臘享大祭兼行神室亂簾修改告由祭。

八年甲辰七月，行王世子冊封告由祭。

九月，行景慕宮追上尊號、惠慶宮加上尊號告由祭。

十二月, 臘享大祭兼行神室亂簾修改告由祭。

九年乙巳四月, 行討逆告由祭。

十二月, 臘享大祭兼行神室亂簾修改告由祭。

十年丙午五月, 行王世子患候祈禱祭。

同月, 行王世子薨逝告文祭。

閏七月, 行王世子啓殯告由祭。

同月, 行王世子發靷祈晴祭。

十二月, 臘享大祭兼行神室亂簾修改告由祭。

同月, 行討逆告由祭。

十一年丁未正月, 行王大妃殿上尊號告由祭。

七月, 行神室雨漏處修改告由、移安、還安祭。

十二月, 臘享大祭兼行神室亂簾修改告由祭。

十二年戊申〔正月, 攝行祈穀大祭。〕[3]

八月, 秋享大祭兼行神室亂簾修改告由祭。

3 **正月……大祭** 底本에는 없는데, 奎章閣本에 근거하여 보충함.

十三年己酉八月，行永祐[4]園遷奉告文祭。

十月，行遷園發靷祈晴祭。

十二月，臘享大祭兼行神室亂簾修改告由祭。

十四年庚戌〔正月，攝行祈穀大祭。〕[5]

六月，行元子定號告由祭。

十二月，臘享大祭兼行神室亂簾修改告由祭。

十五年辛亥八月，秋享大祭兼行南壝門修改告由祭。

十月，行東[6]、北壝門修改告由祭。

十二月，臘享大祭兼行神室亂簾修改告由祭。

十六年壬子五月，行北神門修改告由祭。

六月，行神室內墻頹圮慰安祭。

七月，行神室內墻修改告由祭。

八月，秋享大祭兼行神室亂簾修改告由祭。

十七年癸丑十二月，臘享大祭兼行神室亂簾修改告由祭。

4 **祐** 底本에는 "祜"로 되어 있는데, 일반적인 용례에 근거하여 수정함.

5 **正月……大祭** 底本에는 없는데, 奎章閣本에 근거하여 보충함.

6 **東** 奎章閣本과 《社稷署謄錄》에는 없음.

十八年甲寅正月，行王大妃殿寶齡五旬、惠慶宮寶齡六旬稱慶告由祭。

七月，行祈雨祭。

八月，秋享大祭兼行祈雨報謝祭及西壝門、北神門修改告由祭。

十二月，臘享大祭兼行神室亂簾修改告由祭。

十九年乙卯正月，行聖上卽祚二十年、王大妃殿寶齡望六加上尊號、景慕宮追上尊號、惠慶宮寶齡周甲加上尊號稱慶告由祭。

十二月，臘享大祭兼行神室亂簾修改告由祭。

二十年丙辰十二月，臘享大祭兼行神室亂簾修改告由祭。

二十一年丁巳，〔攝行祈穀大祭。〕[7]

7 攝……祭 底本에는 없는데, 奎章閣本에 근거하여 보충함.

十二月，臘享大祭兼行神室亂簾修改告由祭。

二十二年戊午六月，行神室東簷折落、龍頭·瓦子墜破慰安祭。

七月，行神室修改告由、移安、還安祭。

二十三年己未十二月，臘享大祭兼行神室亂簾修改告由祭。

二十四年庚申正月，行王世子冊封告由祭。

六月，行大殿患候祈禱祭。

七月, 行大行大王昇遐告文祭。

同月, 行王世子嗣位告文祭。

同月, 行大王大妃殿垂簾同聽政告文祭。

十月, 行大行大王啓殯告文祭。

十一月, 行大行大王發靷祈晴祭。

當宁元年辛酉六月, 行討逆告由祭。

八月, 秋享大祭兼行神室亂簾修改告由祭。

十二月, 行大殿水痘平復告由祭。

同月, 行討逆告由祭。

二年壬戌二月, 春享大祭兼行東、南、北壝門修改告由祭。

八月, 秋享大祭兼行西壝門及北神門修改告由祭。

同月, 行大王大妃殿、王大妃殿上尊號[8]告由祭。

九月, 行中宮殿嘉禮告由祭。

十一月, 行討逆告由祭。

8 **尊號** 奎章閣本에는 "冊寶"로 되어 있음.

三年癸亥二月，春享大祭兼行神室亂簾修改告由祭。

十一月，行樂器庫失火慰安祭。

四年甲子正月，行聖上[9]親摠庶政告由祭。

9 上 奎章閣本에는 이 뒤에 "春秋鼎盛" 4자가 더 있음.

二月，行大王大妃殿加上尊號告由祭。

八月，秋享大祭兼行壇內灰墻及神室亂簾修改告由祭。

十一月，行仁政殿重建陳賀告由祭。

五年乙丑正月，行大王大妃殿、惠慶宮加上尊號告由祭。

同月，行大王大妃殿患候祈禱祭。

同月，行大王大妃殿昇遐告文祭。

三月，行大殿痘候平復告由祭。

同月，行壇內灰墻修改告由祭。

同月，行大行大王大妃上冊寶告文祭。

六月，行大行大王大妃啓殯告文祭。

同月，行大行大王大妃發靷祈晴祭。

六年丙寅二月, 行南壝門修改告由祭。

五月, 行神室雨漏處修改告由、移安、還安祭。

七年丁卯八月, 行討逆告由祭。

十二月, 臘享大祭兼行神室亂簾修改告由祭。

九年己巳五月, 行祈雨祭。

六月, 行祈雨報謝祭。

八月, 行元子誕降告由祭。

十月, 行東壝門修改告由祭。

十二月, 臘享大祭兼行神室亂簾及西壝門修改告由祭。

十一年辛未二月, 春享大祭兼行神室亂簾修改告由祭。

三月, 行神室雨漏處修改告由、移安、還安祭。

四月, 行祈雨祭。

五月, 行別祈雨祭。

十二年壬申正月, 行王大妃殿寶齡六旬稱慶告由祭。

四月, 行上候平復告由祭。

同月, 行平賊告由祭。

七月, 行王世子冊封告由祭。

八月, 秋享大祭兼行神室亂簾修改告由祭。

十三年癸酉正月, 行王大妃殿寶齡周甲稱慶告由祭。

十二月, 行王大妃殿寶齡周甲誕辰稱慶告由祭。

十四年甲戌四月, 行祈雨祭。

五月, 行祈雨祭。

七月, 行內墻頹圮慰安祭。

八月, 行神室雨漏處及亂簾鋪陳修改·樑上塗灰告由、移安、還安祭。

同月, 秋享大祭兼行祈雨報謝祭。

十五年乙亥正月, 行上候平復告由祭。

七月, 行北神門西挾修改告由祭。

十二月, 行惠慶宮患候祈禱祭。

十六年丙子二月, 行惠慶宮發靷祈晴祭。

七月, 行神室雨漏處及壝門修改告由、移安、還安祭。

十七年丁丑八月, 秋享大祭兼行神室雨漏處修改告由祭。

十八年戊寅二月, 春享大祭兼行神室亂簾修改告由祭。

六月, 行神室後面龍頭、瓦子墜落慰安祭。

七月, 行神室雨漏處修改告由、移安祭。

同月, 行還安祭。

十九年己卯五月, 行祈雨祭。

七月, 行壇內西邊灰墻及西壝門修改告由祭。

八月, 秋享大祭兼行祈雨報謝祭。

二十年庚辰七月, 行壇內南邊灰墻修改告由祭。

二十一年辛巳正月, 行王大妃殿舟梁六十年稱慶告由祭。

三月, 行王大妃殿患候祈禱祭。

同月, 行王大妃殿昇遐告文祭。

四月, 行健陵遷奉啓舊陵告文祭。

六月, 行神室後墻頹圮慰安祭。

七月, 行神室後墻頹圮慰安祭。

九月, 行大行王大妃啓殯告文祭。

同月, 行遷陵發靷祈晴祭。

同月, 行大行王大妃發靷祈晴祭。

同月, 行神室雨漏處及亂簾、鋪陳修改告由祭。

二十三年癸未二月, 行嘉順宮發靷祈晴祭。

御製

肅宗大王御製

命倌人【此下至社壇將事四篇，丙子正月親臨祈穀祭時。】

命彼倌人戒路馬，良辰侵早說壇社。宿齊三日微誠殫，正爲今年闢四野。

入東門望神室

回頭步輦望神室，懸幕連霄似白雲。蒼翠凌寒環擁立，萬年佳氣正氤氳。

坐齋室有感

曾臨此室似年前，倏忽于今十六年。人事世間多變易，無心古木至今傳。

社壇將事

寅月祈年用上辛，秉誠壇社奠躬親。燎光晢晢衣冠會，鐘鼓喤喤醴幣陳。寡德無良方自責，明神不祐更誰因。家邦泰運從今始，普濟群生大有頻。

社稷安香廳庭前喬松記【年月上同。】

辛酉之夏五月十有八日，予悶旱，躬自禱雨于社稷。時天氣酷熱，帳殿不便，勉從大臣之請御于安香廳，用權宜也。庭前喬松不知其幾百年，而亦不知其何人所種也。一根盤結，四枝遠揚，隱若神龍之蟠伏，猛虎之蹲踞。夜月初昇，樹影滿地，眞可謂一時之奇觀也。歲在乙亥，八路大侵，越明年丙子孟春上辛，又有事于壇壝，蓋爲生民而徼神惠也。予之復臨此室，正在十五年之後，豈偶然哉？歲月愈久而蒼翠不變，信乎君子之節也。第人不知其愛護，一任傷損，予用惜之，命掌花卉者以銅爲衣，俾防雨雪滲濕之患，仍敍其顚末焉。

丁丑四月二十二日，憫旱，躬禱于社壇，而微誠淺薄，未獲冥應。一則媿赧，二則焦遑，乃於還宮之路，駐輦于通衢，命召時任、原任大臣暨三司之臣，諭以特施解網曠蕩之意。禁府、刑曹時囚中，除關係綱常、殺人、强盜、咀呪外，雜犯死罪以下，盡解枷杻。出致駕前，蓬頭鬼形，不似人貌．身親見之，不覺潸然，卽令刑房承旨傳宣德意，一倂放赦。蓋爲萬民靡所不用其極之意，而罪人等莫不攢手歡欣，亦足以感動也。遂吟得一律。

桑林祈澤薦香馨，獲戾明神莫我聽。路近金吾仙仗駐，傍招黃髮法車停。良心發處皆除網，恩諭宣時盡脫囹。正爲蒼生和氣召，區區非是美瞻聆。

辛巳五月十三日，憫旱，躬禱社壇。還宮之路，遂詣金吾，親自錄囚。蓋倣漢明帝古事，而欲其導和氣而致甘霖之意也。

桑林親禱罷，駕返紫宸宮。詔獄移仙仗，論囚到日中。

詠社稷安香廳庭松【壬午二月，親臨春享時。】

可憐庭畔松，能得幾年久。根柢元歸一，枝柯散作九。長生人也無，不老汝焉有。偏尙凌寒節，齋居盡日友。

親行社壇時享口占一律【年月上同。】

侵早鑾輿出，饕風不似春。路過駙馬宅，【卽青平都尉之第。】窓對老龍鱗。【卽指安香廳庭松。】子夜衣冠會，靈壝幣璧陳。豈徒豐穰願，從此百祥臻。【是時有陰虹、白氣之變，故此句及祈祝之辭。】

戊子正月初二日，卽社稷祈穀祭齋戒也，閑居書懷。

昨日月初吉，上辛隔此宵。股肱擎祝幣，壇壝薦肝膋。歲歲祈年夙，區區惠我微。一心昕夕願，雨順又風調。

志喜【戊子五月，親臨祈雨祭時。】

憫旱靈壇禱，雲霓望深深。廉纖初潤涸，優渥更蘇黔。偏賴群臣悃，曷由小子忱。慰農雖可幸，對越敢忘心。

社稷秋享親祀致齋，閒坐齋室，作四贊。【庚寅八月】

於皇惟神，德鉅功崇。祈斯報斯，萬世攸同。其主伊何，寔玆冢土。顧復下民，厥施斯普。

右國社。

於昭惟神，厚德載物。含生發育，爲道爲職。神其勤事，水土以平。配天配祀[10]，冥佑孔明。

右后土氏。

於赫惟神，維稷司只。生我粒我，繄神之賜。用成百穀，厚我民天。稼穡則賴，功孰大焉?

右國稷。

於穆惟神，克承上帝。播穀是職，澤被萬世。俾民粒食，罔非神德。大哉神功，永垂千億。

右后稷氏。

10 祀《林下筆記·文獻指掌編·社壇四贊》에는 "社"로 되어 있음.

英宗大王御製

社稷安香廳庭松頌【幷序】

歲丙午春正月上辛，體先朝之故事，親自祈穀于社壇，此誠爲生民徼神佑也。齋室前庭有一喬松，屈曲逶迤，宛如蟠龍，眞可奇矣。且廳內有御製懸板，是昔在壬午先朝親祭于此時，詠松御製詩也，而本署提擧得以鏤揭者也。仰瞻再三，感慕罙增，而仍竊自念，今予躬禱壇壝，實體聖考軫民之盛意。噫！以小子之凉德，其所虔誠，何敢望乎昔年？而然區區繼述之忱，平日爲自任者，豈不殫其誠而救生靈哉？玆以數句頌語，謹附于左。頌曰：

粤在先朝，親禱致虔。冥應如響，于今頌傳。小子否德，如臨深淵。兢兢業業，其敢忽焉？三南大侵，生民顚連。是誰之咎？寔予之愆。齋沐詣壇，躬薦豆籩。神須歆格，賜我豐年。

社壇松。敬次先朝御製。

屈曲似蒼龍，壇前日月久。大枝本自三，小榦便成九。風雨乃能生，雪霜豈畏有？尙而君子心，竟夕倚牕友。

歲丁未上辛，祈年社壇也，仰瞻齋內御製，感慕罙切而作。

社壇齋殿作【壬戌八月】

壬午以來四十年，追遵古事社壇前，齋中今日感懷切，前後春秋豈偶然?【行都承旨李益炡等十二人，賡進。】

今予嗣服後躬行社壇者，祈年六、祈雨八、大享二，而享皆秋享也。噫！昔年兩次親臨皆春享，而四十一年之間，昔春今秋，幸以續行。昔年壬午春，卽二月初二也；今年壬戌秋，卽八月初二也。今昔春秋前後日子若此，是豈偶然？仍成一詩以付齋壁，庸伸微忱焉。

飭諭壇司齋官

噫! 國之所重, 乃社祀典, 顧不重歟? 予雖衰耗, 命元良代理, 其於祀典, 不敢忽焉。咨爾壇司、齋官體此意, 必誠必敬, 莫替此諭。一, 入直之官, 必也淸齋一宿然後乃直。若或不時替直, 淸齋本所然後奉審神室, 而或有無時奉審之事, 勿拘此例。一, 滌器必前期爲之, 壇司監滌。而藏器時壇司及典祀官同爲監藏, 其勿一任下屬以致不敬。一, 陳設徹饌, 壇司、典祀官躬詣監視, 毋令錯雜。祭後餕餘, 切勿褻慢以存餘敬。一, 省牲省祭物, 必謹必誠, 其勿因循。凡於儀節, 一遵無違。一, 守僕輩所守重焉, 壇內事外, 其勿用他。右項諸條, 其宜欽遵, 若或有違, 國有常憲。【己巳五月初十日, 漢城府右尹李喆輔奉敎書。○懸板揭于本署香大廳。】

社壇祈雨親祭文【癸酉五月】

於赫靈神, 冢土一國。萬品資成, 澤及八域。近州臨御, 眇予不穀。比因衰暮, 未親圭璧。今逾十年, 秖自愧恧。旣欠誠敬, 何望致格? 嗚呼今旱, 居然三朔。農民輟耘, 田畝龜坼。其何以然? 良由否德。政不能擧, 惠不能及。世道日淆, 人心日薄。吾民嗷嗷, 若在鼎鑊。因予致旱, 心焉懍惕。芬苾徧薦, 冥應愈邈。瞻彼四郊, 如惔如灼。不量誠淺, 躬執泂酌。所重元元, 寧不我恤。庶幾昭監, 快賜霈澤。

右國社。

於赫靈神, 配祀東國。濟我元元, 功德浩博。眇予寡躬, 臨御近州。廷不擧綱, 民不被澤。秖自恧焉, 若隕淵谷。雖無今旱, 何安玉食。吁嗟蘊隆, 居然幾朔。斯民嗷嗷, 田畝濯濯。中夜興思, 此心焦鬱。不憚其衰, 再親芬苾。命官徧禱, 亦至于七。因予誠淺, 靈應日邈。瞻彼郊野, 幾將無穫。雖不顧我, 民可不恤? 爰命有司, 先具尊爵。憧憧于心, 虔誠齋潔。吾民西成, 惟在今日。庶幾歆格，一霈周洽。

右后土氏。

於赫靈神，爲我國稷。巍然功德，澤及萬物。眇予一身，臨御近州。比者因衰，未親芬苾。倏過十載，夙夜悚惕。予愆予知，奚望孚格。吁嗟一旱，今已三朔。農人擲鋤，田畝日坼。若過今月，何能有穫。思我元元，心焉如灼。或親或攝，徧薦圭璧。因予誠淺，霈然愈邈。吾民何辜，寔由否德。瞻彼郊野，豈敢自恤？此心憧憧，含羞忍恧。命駕躬來，代犧親酌。雖不顧我，盍念兆億？快賜滂沱，普洽八域。

右國稷。

於赫靈神，肇播百穀。惠及萬民，配我國稷。眇予一身，無能涼德。近三十載，民不被澤。夙宵凜然，臨深履薄。年暮氣衰，親祭久闕。自知予愆，心切悚惕。今者亢旱，亦孔之酷。凄風烈陽，田畝枯涸。農壇已籲，庶諒心曲。緣予誠淺，莫能感格。吾民何辜，秖自愧恧。及今不雨，民將無食。思之及此，豈敢自恤？玆命禮官，整備芬苾。親自代犧，來奠泂酌。宜念元元，莫曰不穀。一賜甘霈，滌我惔灼。

右后稷氏。

社壇祈年夜，坐涵仁庭，書錄御製，以勉後王。【丙子正月】

《書》云："民惟邦本，本固邦寧。"述編旣云："以一人治天下，不以天下奉一人。"且國以民爲本，民以食爲天。其欲寧民，重農爲先。上辛祈年，意蓋此也。噫！以予不德，卅載以來，無大有之史筆。而言其年事則水旱荐仍，言其蓄儲則公私枵然，一或小歉，艱辦賑穀，難濟元元，是何由乎？寔是否德，寔是否德。卽阼之初，爲民祈年，而微誠未格，卅載以來，躬行亦幾次？況今年卽世稱之歲也，逢回甲一倍之中，思之及此，食息奚弛？今春祈年，其欲躬行，而自顧其衰，寒壇徹夜，其誠難矣。雖欲行也，諸臣必也請攝，上下相持，有命中止，則是欺心是欺民也。黽勉命攝，而此心憧憧。俄者召承宣，勉飭虔誠，回欲淨衣靜齋。更以思之，彼元元卽列朝畀我之民。噫！凡人其父兄將一什物以授子弟，其當受而護之。況八域之民，畀我否德，而曰以衰耗，委股肱攝祀，而燠室經夜，則是上負陟降，下負元元。且追思昔年，何惜肌[11]膚之敎？又思夢想外逢此歲，豈忍謂以命攝自便經宵？述編亦云："雖一時憫旱祈雨，因强請而命攝，其猶整衣冠而端坐，隨報漏而焚香。"其況爲民祈豐乎？若是輿惟，寒若暖憊若健．因爲盥洗整衣，坐於涵仁庭中，意亦在矣。于今春元，兼祝萬品涵仁也。噫！作之君作之師，卽爲民也。爲民有君，不以爲君有民也。今之鼎席，只有左揆，夙夜國事，而初三攝行閟宮，初七又攝社壇。若是奔走，而予則晨祼之禮，莫能躬行，祈年之祭，其亦命攝。若此而豈曰自致，若此而何望格誠？噫！今年其若歲登，保我元元，今雖凍死於此夜，其何憾焉？噫，予雖否德，其爲民也，於夙於夜，此心一也。是豈予心仰體于昔也？乃召承宣，呼寫一通命錄御製，示我後王。噫，後之爲嗣王者，思予白鬚望七之年，上辛祈年之夜，體昔年爲民血心，則廣廈細氈，豈敢有逸樂之心，玉食方丈，芬華波蕩，豈敢忘元元？民若奠居，天命存矣；民若困窮，天命去矣。其所存去，唯在一人，可不懔然，可不凜然？豈徒嗣王？雖群下其若有此，亦豈敢各自便安，置國事於度外，抱子弄孫，不思張子《西銘》中"民吾同胞，物吾與也"之意也哉？莫曰暮年衰敎。年雖衰矣，此諭匪衰。欽體欽體，莫替予寒夜眷眷之意。

11 肌 底本에는 "肥"로 되어 있는데,《英祖實錄》31年 11月 2日 조에 근거하여 수정함.

社稷親祭文【丙子二月】

於赫太社，惟土是職。今幾百載，寔神之德。曰雨曰暘，惠我東國。大糦以享，罔敢其忒。小子忝位，臨深履薄。澤不及民，大歉八域。顧此元元，奚安食息？上辛祈年，其亦命攝。瞻彼壇壝，罙切自恧。不憚其衰，齋明致潔。命駕躬詣，親奠圭璧。顧我微忱，庶垂歆格。

右國社。

惟我靈神，配于國社。致敬之心，罔懈夙夜。躬祀壇壝，其禮久闕。雖因多事，心切自恧。歲首祈穀，欲行中止。命相其攝，曰爲民意。誠已淺矣，何以致假？不敢自逸，仲春薦璧。吁嗟元元，旣被神惠。今當大歉，冀賜有歲。齋明盛服，躬薦豆觴。庶垂俯鑑，顧我微誠。

右后土氏。

皇矣靈祇，護我東國。粒我烝庶，厥功溥博。眇予小子，無能無德。臨御卅載，夙宵懔惕。春秋享祀，躬行久闕。瞻彼西壇，心切悚恧。元月上辛，欲行而攝。我誠旣淺，神何以格。吁嗟昨歲，八域大歉。顧我元元，玉食何甘。强氣命駕，躬執圭璧。神須憫我，快賜陰騭。

右國稷。

於皇后稷，主民之食。一粒一穗，莫非神澤。小子嗣服，罔敢或忽。秪緣誠淺，享禮曠闕。今春上辛，初命中攝[12]。心若不祭，撫躬自恧。何敢曰衰？躬行仲朔。八路告歉，民將溝壑。若今不濟，何顔圭璧？爰命有司，灑掃潔滌。躬詣于壇，其冀歆格。惟神恤民，惠我東國。

右后稷氏。

12 攝 底本은 훼손되어 판독이 불가한데, 奎章閣本에 근거하여 수정함.

社稷告由祭文【己卯正月】

國之所依，惟社惟稷。有事則告，昭載典則。藐予不穀，夙宵祗慄。親行上辛，旣命反攝。聖人所愼，學淺敢忽。一恙彌留，挨過半朔。末梢氣劑，其效乃速。神祇眷顧，陟降陰騭。爰命大臣，替奠泂酌。文不代撰，庶幾歆格。

社稷告由祭文【己卯六月】

有事必告，舊例則然。吁嗟己卯，封爵甲年。先陳事由，遣官替酌。神人豈遠，庶幾歆格。

社稷告由祭文【己卯閏六月二十日】

坤候乃瘳，世孫封冊。爰據舊例，告由替酌。

社稷祈雨親祭文【己卯閏六月二十五日】

於赫明神，冢土東國。資成萬品，惠覃八域。藐予一身，無能不穀。暮年服縗，久曠圭璧。頃歲籲意，心常悚恧。旣不致誠，何冀感激？鋤後之旱，洽滿一朔。農民最忌，田疇將坼。誰執厥咎？寔由否德。上不綱擧，下不惠及。人心日澆，世道日薄。吁嗟元元，若墜鼎鑊。靜言思惟，尤切懍惕。烈陽杲杲，雨意愈邈。瞻彼郊野，心焉如灼。何敢曰憊？躬薦泂酌。雖不顧予，民忍不恤？昭感此忱，一賜霈澤。

右國社。

於赫明神，配社一國。濟民活民，厥功普博。不才無能，臨御過卅。政何擧綱，民何蒙澤？夙宵悚然，若墜淵谷。吁嗟赤子，所依惟食。一霽不雨，今已過朔。農民嗷嗷，四野濯濯。瞻彼田疇，予心焦鬱。何敢曰衰？躬薦芬苾。此夏幾盡，節屆秋七。遙望雲漢，油然日邈。及今不霈，民將無穫。哀我元元，何不顧恤？星言夙駕，親奠其爵。此心爲民，益虔齋沐。三農告成，只在今日。憫我微誠，快賜周洽。

右后土氏。

於赫明神，東方國稷。功德巍然，惠及品物。藐予寡躬，一臨踰卅。纔釋縗麻，不親芬苾。曠禮已久，心常懍惕。旣知予愆，何望孚格？鋤後之旱，于今幾朔？杲杲太陽，四野日坼。其過此月，民將無穫。若恫在己，寀切焦灼。齋沐虔誠，親奠圭璧。夙宵望漢，雨意愈邈。民何辜焉？諒由涼德。顚連溝壑，莫能濟恤。微衷耿耿，含羞含恧。周旋壇壝，代犧躬酌。雖不顧予，盍念兆億？油然一霈，普洽八域。

右國稷。

13 予 底本에는 "然"으로 되어 있는데, 전후 용례와 《英宗大王御製續編·社稷祈雨親祭文》에 근거하여 수정함.

於赫明神，始播百穀。功流萬世，配我國稷。藐予[13]一身，無才無德。幾歲臨御，無一惠澤。日夜祗懼，臨深履薄。國有大故，親祀久闊。瞻望壇壝，心常懍惕。于今亢旱，其亦孔酷。農民嗷嗷，田疇俱涸。所望惟神，殫竭心曲。誠意淺薄，何能孚格？其欲代犧，心先悚恧。若過此時，吾民何食？焦鬱于中，未敢自恤。玆令儀曹，整待芬苾。齋明虔誠，躬奠泂酌。顧我元元，莫曰不穀。油然霈然，洗此惔灼。

右后稷氏。

社壇祈雨親祭文【庚辰六月】

惟我明神，冢土一國。惠洽萬彙，恩被兆億。眇予小子，不才無德。幾年臨御，民窮蔀屋。昨年鋤旱，躬奠圭璧。回歉報熟，惟神之澤。牟麥登場，望深秋穫。其雨不雨，今已二朔。若過初伏，四野濯濯。輿惟及此，奚甘玉食？綱紀日墜，世道渝薄。環顧中外，寀切懍惕。元元何辜？咎在厥辟。雖不顧我，民何不卹？代犧至再，甘霆逾邈。瞻彼雲漢，如惔如灼。今不周洽，民將溝壑。身不自有，仰體于昔。齋沐致潔，親薦泂酌。莫曰誠淺，滂霈八域。

右國社。

惟我明神，配社東國。濟活吾民，厥施斯博。不才臨御，民窮蔀屋。自恧自訟，若隕淵谷。國依於民，民依於食。夙夜所望，雨暘時若。近者一旱，今已浹月。農民輟鋤，四野將坼。圭璧徧薦，誠未感格。苟究厥由，惟在其辟。若是度日，其過初伏。嗟我元元，將塡于壑。思之及此，心焉如灼。民實無辜，神何不卹？牟麥旣登，惟望秋穫。于今籲神，只一周洽。齋沐致潔，代犧躬酌。其誠雖淺，文由衷曲。昨今兩歲，連薦芬苾。顧我此忱，快賜霈澤。

右后土氏。

惟我明神，海東國稷。惠覃萬品，巍然功德。否德臨御，民窮財竭。夙夜戒懼，臨深履薄。昨歲之旱，親奠芬苾。其免告歉，惟神之力。牟麥旣登，望切秋穫。欲雨不雨，今已浹月。若過初伏，四野將坼。瞻彼雲漢，心焉焦迫。豈曰無雨？終靳周洽。躬禱已再，一霈猶邈。若問其由，咎在厥辟。民實無辜，何不濟活？國依於民，民依於食。民若顚連，予將疇托？不顧誠淺，代犧躬酌。文則齟齬，實由衷曲。雖不惠我，宜矜八域。快賜滂沱，滌此惔灼。

右國稷。

惟我明神，播是百穀。同配稷壇，厥功溥博。吁嗟小子，不才無德。臨御幾歲，一無惠澤。夙夜戒懼，若隕淵谷。瞻彼城隅，有壇斯屹。因予衰耗，祈年久闕。自愧誠淺，心常悚惕。牟麥報登，秋成指日。豈意一旱，至于浹月？瞻望雲漢，如惔如灼。民何其辜？咎在厥辟。何敢自便？連薦圭璧。誠不感孚，冥應愈邈。仲夏已盡，節近初伏。若過旬日，民將塡壑。思之及此，何甘玉食？其欲代犧，虔誠致潔。星言夙駕，躬奠芬苾。俯鑑微誠，快賜周洽。

右后稷氏。

社稷祈穀祭文【辛巳正月】

於赫明神，冢土一國。護民惠民，厥施普博。昨年穡事，雖云有熟，或登或歉，未能均一。是誰之致？良由否德。顧我元元，只自愧恧。邦有古禮，上辛祈穀。頃於社壇，躬奠圭璧。到今思之，幾經歲月？親猶未格，其況命攝。豈敢自愛，爲軍經宿。悠悠此心，蒼蒼可質。身雖在此，心則耿結。瞻彼北壇，實在咫尺。親製其文，遣官替酌。神其顧我，惠我八域。

右國社。

於赫明神，國社配食。護我邦國，其惠普博。不才無能，叨承艱業。歲歲年年，每祝其熟。大有二字，史官停筆。非神不顧，良由否德。自愧自恧，奚弛食息。瞻彼田疇，此心絓結。今於上辛，欲行祈穀。既諭三軍，無信奚立？回首北望，壇壝咫尺。莫云攝行，若親圭璧。本固邦寧，昭載往牒。悠悠一心，旣許民國。祭文親綴，命官替酌。諒我淺誠，有秋八域。

右后土氏。

於赫明神，海東國稷。厥施斯普，主民稼穡。眇予嗣服，不才涼德。卅載臨御，莫聞大熟。其況昨年，望秋深切？或登或歉，諸道不一。顧我元元，奚甘玉食？若問其由，咎在其辟。爲民祈年，何敢命攝？軍亦民也，實悶經宿。非愛其身，蒼蒼可質。既諭諸軍，無信奚立？國依於民，神依於國。咨矣其君，哀此惸獨。親綴其文，相臣替酌。諒我微誠，惠我八域。

右國稷。

於赫明神，主民稼穡。配我冢土，厥施斯博。眇予否德，臨深履薄。臨御幾載，民不被澤。夙宵所望，惟在年熟。昨歲穡事，有違初度。是誰之致？咎在厥辟。睠玆小民，自愧深切。上辛祈穀，焉敢命攝？吁嗟三軍，亦民中一。心有所悶，日寒經宿。其雖命官，躬自致潔。文何代撰？不憚親綴。申飭有司，執事另擇。瞻望壇壝，我心洞屬。惠我海東，大有八域。

右后稷氏。

社稷告由祭文【辛巳七月十五日】

有恙乃瘳，今已撤直。援例告由，庶幾歆格。

社稷報謝祭文【辛巳七月二十五日】

今者得雨，是豈初度？玆行報謝，替奠泂酌。

社壇祈雨親祭文【壬午六月】

於赫靈神，冢土八域。其惠普博，澤流萬物。眇予小子，無才無德。綱紀日墜，元元塡壑。自訟自恧，夙夜懍惕。今者之旱，亦孔之酷。吾民何辜？寔由厥辟。農人輟鋤，水田亦坼。代犧郊禱，微誠未格。密雲雖集，霈然猶邈。只望雲漢，如惔如灼。民將盡劉，何心玉食？其雖衰耄，心許民國。及今不雨，予將疇托？予愆予知，宜乎躬璧。仲庚已過，何待涓吉？雖不悶我，民胡莫恤？鍾石鏗鏘，祗薦芬苾。轉歉爲登，惟神之澤。毋曰誠淺，一賜周洽。

右國社。

於赫靈神，配社一國。拯濟元元，厥功斯博。眇予小子，無能無德。卅載臨御，若隕淵谷。今者之旱，可謂孔酷。農人嗷嗷，田疇龜坼。昨於雩壇，躬執圭璧。豈神不惠？微誠未徹。其雨其雨，終散雲密。烈陽杲杲，一倍焦灼。及今不霈，民將塡壑。民若盡劉，神亦疇托？問其所由，咎在一辟。思之及此，何心玉食？嗚呼此時，豈循常格？星言夙駕，親薦泂酌。於歉於登，寔判此日。方切渴悶，何暇擇吉？簠簋籩豆，稻粱黍稷。悶我顧我，快賜霈澤。

右后土氏。

於赫靈神，海東國稷。澤流萬品，厥施普博。眇予小子，臨深履薄。歲雖報登，心猶懍惕。日夜所望，雨暘時若。豈意一旱，恰滿其朔？畿[14]甸、三南，先悶旱魃。嗚呼近日，水田亦坼。農民號呼，予心惔灼。民其何辜？咎在不穀。昨於郊壇，親薦芬苾。其雨其雨，未見霈澤。國依於民，民依於食。民若盡劉，何心曰辟？思之及此，渴悶罙切。代犧躬禱，焉敢少忽？有司設饌，祭文親綴。小輿代步，來奠泂酌。嗚呼神人，感通理一。莫云否德，一霈普洽。

右國稷。

於赫靈神，乃配國稷。時播百穀，萬民賴活。眇予小子，不才涼德。百度叢脞，民將溝壑。噫今之旱，一何孔酷？初則高燥，今也皆涸。農人投鋤，田疇龜坼。及今不雨，何望其穫？神問厥由，予自悚恧。吾民何辜？咎在乃辟。其若盡劉，何忍玉食？興言及此，予心惔灼。昨於郊壇，親執圭璧。氣衰誠淺，莫覩孚格。非神靳惠，諒由不穀。何拘常例？代犧來酌。再陳芬苾，含羞罙切。莫云無能，黔黎宜恤。周旋陞降，心焉焦迫。俯察微忱，快賜甘霈。

右后稷氏。

社壇報謝祭文【壬午七月】

爲民悶旱，代犧圭璧。料表得雨，乃在三日。宜乎報謝，替奠泂酌。俯鑑微忱，庶垂歆格。

社稷告由祭文【己丑七月】

幾次旋愈，寔荷陰騭。甲午日記，微忱何抑？豈敢張大？大有兼祝。親製替奠，竝告慕切。

社稷祈雨祭文【壬辰五月】

惟我明神，冢土東國。爲民之主，總領稼穡。何敢偃便？實由衰

14 畿 底本에는 "幾"로 되어 있는데, 奎章閣本에 근거하여 수정함.

薾。神雖顧我，自愧自恧。君依於神，民依於食。自春徂夏，其慳雨澤。若問忒甚，莫若今月。由神之惠，兩麥登熟。豈遠三庚，其旱斯酷？是誰之咎？卽予否德。近五紀御，民困蔀屋。綱紀日墜，國事凜綴。其況此時，太康度日。其雖願豐，亦何能得？及今不霈，其悶曷極？以一代萬，予聞于昔。有司備禮，其文親綴。嗚呼渴望，北苑咫尺。神其悶我，一霈八域。

右國社。

嗚呼靈神，流惠千億。同配國社，今迄幾百？有悶必籲，其應不忒。瞻彼北壇，儼然斯屹。君依於神，民依於國。其所相依，惟在乎食。眇予一身，無才無德。今近五紀，自訟自恧。史書大有，尙今其邈。連歲荐飢，其悶曷極？嗟哉今春，春水已渴。入夏以後，轉輾斯酷。若問其由，惟在乎一。其一是誰？寔惟厥辟。初次再次，雖蒙神恤。卽予誠淺，其旱兩朔。及今不雨，何望其穫？興惟及此，心切焦迫。何拘常例？親製替酌。神其恤元，快賜周洽。

右后土氏。

惟我明神，爲東國稷。幾百年來，主民稼穡。其澤不窮，其惠溥博。有悶必呼，應輒靡忒。眇予小子，不才涼德。臨御幾年，何事繼述？國事日墜，其氣益薾。嗚呼盛歲，尙歎不及。其況衰年，只自愧恧。今者此旱，其由乎一。春已慳祕，至夏斯酷。豈曰不雨？終靳周洽。國依於民，民依於食。若是度日，田疇皆涸。興言及此，焦煎焦迫。暮年逢此，此悶曷極？因予衰德，年年命攝。雖値此時，莫親圭璧。親綴其文，仍命替酌。惟神眷民，快賜霈澤。

右國稷。

惟我靈神，寔主稼穡。幾千百年，其澤普博。瞻彼東郊，先農配食。顧瞻南郊，雩壇同腏。顧今海東，眇予不穀。無才無能，加以衰薾。親奠三壇，怳然若昨。嗚呼若此，何徹悶迫？於國依民，於民依辟。相依則保，無德者一。春已慳祕，夏又斯酷。豈云無雨？莫見霈澤。是誰之愆？諒由否德。吾民何辜？此心靡極。受神之惠，登此兩麥。一日二日，其旱浹月。農民輟鋤，瞻野悶切。及今不雨，何望其穫？命官替酌，惟冀感徹。恤民矜民，均沾均洽。

右后稷氏。

社稷告由祭文【癸巳正月】

嗚呼小子，無能涼德。臨御幾十，若隕淵谷。諸臣固請，猶守所執。豈云其齡？追慕此日。其況股肱，快從前席。史官大書，可垂千億。先告厥由，其文親綴。嗟哉此忱，俯垂歆格。

社稷祈雨祭文【癸巳七月】

惟我靈神，冢土東國。君依於社，其理不忒。臨御幾載，無能無德。其況氣衰，享禮久闕。興惟及此，夙宵自惡。神雖顧我，我心曷極？兩麥報登，望切秋穫。豈意鋤旱，一何斯酷？初次旣行，冥應愈邈。民何其辜？咎在一辟。及今不雨，民將無食。若到此境，肌膚何惜？親綴其文，命官替酌。瞻彼壇壝，北苑咫尺。何敢自便？感通理一。甚矣靦然，籲神臨渴。可哀者民，神何不恤？快賜甘霔，霈然八域。

右國社。

嗚呼靈神，配社一域。瞻彼社壇，位版斯屹。眇予無能，兼以涼德。近五紀臨，莫聞惠及。加以衰暮，百度俱缺。君旣若此，何望感燭[15]？麥事已登，吾民有食。豈意鋤旱，今至浹月？君依於民，民依於國。及今不雨，其悶曷極？豈拘常例，初次替酌？誠旣淺【缺】，其況命攝？顧今四野，予心焦迫。民實無辜，專在一辟。以一代萬，正謂今日。其雖耊荒，此意[16]敢忽？有司設饌，文則親綴。

15 燭《英宗大王御製拾遺·后土氏祈雨祭文》에는 "假"로 되어 있음.

16 意 奎章閣本과《英宗大王御製拾遺·后土氏祈雨祭文》에는 "義"로 되어 있음.

神須愛民，甘霈周洽。

右后土氏。

惟我靈神，海東國稷。東西二壇，兩位竝屹。不才無能，臨深履薄。曠禮斯久，曷勝愧恧？蒙神之惠，幸登牟麥。其惟一心，在於西穫。孟夏得雨，庶幾報熟。于今亢旱，專由其辟。氣衰政墜，臥以度日。箕踞心慢，予聞乎昔。其豈止此，衰耄曷極？今雖若此，惟依民國。鋤旱此甚，何云其穡？諸道報歉，豈忍玉食？初次邈然，何拘常格？綴文命官，望瞻咫尺。冥然何言？元元宜恤。惟願俯鑑，一霈遍洽。

右國稷。

嗚呼靈神，同配國稷。惟神之惠，萬世不忒。眇予無能，其禮皆闕。國依於民，民依於食。兩麥登場，西成望切。豈意鋤旱，一何其酷？農民輟鋤，田疇龜坼。若問其咎，卽在乎一。興言及此，夙夜[17]懍惕。願[18]一代萬，神何不恤？三處遣[19]官，誠淺愈邈。雖當處暑，何循常格？肌膚何惜？仰聞于昔。及今不雨，予將屏璧。綴文替酌[20]，相望咫尺。雖不瞻壇，心則洞徹。其況靈神，百代惠洽。感我此心，同霑八域。

右后稷氏。

獻官奉香，袞衣先濕。惟神之賜，兼謝陰騭。【此二句，受香後四位添補。】

社稷告由祭文【甲午二月】

君依於神，神依於國。自古來今，君守社稷。其況衰年，兼由涼德？今番一恙，百證交作。竟被默祐，卽日差復。是誰之惠？卽神陰騭。親綴其文，相臣替酌。俯諒此誠，庶垂歆格。

17 夜《英宗大王御製拾遺·后稷氏祈雨祭文》에는 "宵"로 되어 있음.

18 願《英宗大王御製拾遺·后稷氏祈雨祭文》에는 "欲"으로 되어 있음.

19 遣《英宗大王御製拾遺·后稷氏祈雨祭文》에는 "命"으로 되어 있음.

20 酌《英宗大王御製拾遺·后稷氏祈雨祭文》에는 "奠"으로 되어 있음.

社稷祈雨祭文

朝鮮冢土，其先社稷。因予衰耄，親享曠闕。夙宵興惟，只自懍惕。國君守社，彌切自恧。嗚呼三春，雨暘均適。嗟哉初夏，亢旱浹月。春秋兩麥，已決其一。及今不雨，田疇將坼。臥而焦心，其悶曷極？三次祈雨，靈應愈邈。吾民何辜？諒由否德。若是終靳，何望秋穫？國依於民，民依於食[21]。本固邦寧，予聞于昔。爰命相臣，替奠泂酌。祇迎登苑，瞻望咫尺。仍於此日，宿於苑閣[22]。有司設饌，其文親綴。有[23]祈必應，自古不忒。神其悶我，甘霈八域。

社稷告由祭文【甲午七月】

冥然到今，又逢此日。憶昔侍湯，揄揚盛德。受賀縱[24]赦，五日掩抑。親綴其文，替奠泂酌。

社稷告由祭文【甲午九月】

五紀冥然，寔陟降隲。欲告厥由，同與八域。

社稷告由祭文【乙未四月】

予聞于古，君[25]守社稷。幾十年來，無能無德。徒位徒壽，曷勝愧恧？其況闕禮，心切嗟惜。今者此恙，其豈夢憶？其雖然矣，今曉曷極？偶然蘇[26]醒，實荷陰騭。豈無報謝，何敢踰日？爰命相臣，替奠泂酌。俯鑑微忱[27]，庶垂歆格。

社稷告由祭文【乙未九月初一日】

瞻彼社壇，嗚呼咫尺。涼德冥然，五紀嗣服。今日邦慶，以此過節。先告社壇，其禮敢闕？親製其文，替奠泂酌。俯鑑微忱，庶幾歆格。

21 食《英宗大王御製拾遺·社壇祈雨祭文》에는 "國"으로 되어 있음.

22 閣《英宗大王御製拾遺·社壇祈雨祭文》에는 "北"으로 되어 있음.

23 有《英宗大王御製拾遺·社壇祈雨祭文》에는 "將"으로 되어 있음.

24 縱《英宗大王御製拾遺·宗社告由祭文》에는 "頒"으로 되어 있음.

25 君 底本에는 "兼"으로 되어 있는데,《英宗大王御製拾遺·社稷遣大臣告由祭文》에 근거하여 수정함.

26 蘇 底本에는 "玆"로 되어 있는데,《英宗大王御製拾遺·社稷遣大臣告由祭文》에 근거하여 수정함.

27 忱《英宗大王御製拾遺·社稷遣大臣告由祭文》에는 "誠"으로 되어 있음.

社稷告由祭文【乙未九月十五日】

國之所依，其惟社稷。今予幸愈，寔荷陰騭。俯循其誠，告厥替酌。嗚呼此後，復依等昔。社壇咫尺，曷勝其【缺】? 微忱俯鑑，庶垂歆格。

正宗大王御製

社稷祈雨祭文【丁酉六月】

眇予寡躬，儼應萬機。匪食曷辟，匪社曷依? 神理不遠，有事輒祈。元歲之旱，在古亦稀。八路告災，自我邦畿。向日齋誠，秪見龍旂。尙閟滂沱，莫曰霏微。野幾無靑，蝗從而飛。凄凄者風，杲杲者暉。躬詣再褻，禮恐慢歸。皇矣維神，實主東土。肸蠁不忒，德施斯普。阜民稼穡，哀民疾苦。曰雨曰暘，伊格不怒。胡今邈然，緊不我祐? 何辜于民? 罪在人主。時丁艱難，穀無陳腐。今或失稔，將棲草莽。酒旣淸旨，舞列文、武。虔誠仰籲，其雨其雨。

右國社。

叨承丕基，虔告元祀。神應俯格，監予小子。藐以一身，臨于遐邇。隨事自省，夙宵靡弛。朽索之御，多憂少喜。政豈無失? 事未謹始。或歸于疎，或流于侈。自知不辟，多愧前史。今玆之暵，豈無所以? 赤魃斯酷，迺至於此。原野飛蝗，御溝無水。況又畿都，王者攸止。黃盡禾穀，靑絶麻枲。朝陰乍聚，夕飆旋起。視天夢夢，我心如燬。祐我生民，維后土氏。載物之德，資生之理。流月將半，已矣耘耔。民之無辜，恫實在己。油然霈然，冀垂冥祉。

右后土氏。

人謂水旱，多在元年。實警惕之，予敢曰然？維予小子，德不類前。時値囏虞，政多尤愆。縱得豐殖，民志未堅。孤臨于上，爲命維天。如子事父，尙幾垂憐。今胡亢旱，遍于八埏？有萎其穀，有圻其田。重以蟲災，如蠶再眠。山麓盡濯，井甃無泉。朝察雲物，宵占星躔。烈陽明漢，心焉如燃。民不聊生，國其能全？災止寡躬，豈敢憂悁？維我國稷，玄化斯專。莅民稼穡，造化之權。德施于地，功參于乾。不可度思，非曰其虔？一雨生靈，綏我朝鮮。

右國稷。

百穀播始，萬世被澤。民賴粒食，報祀靡忽。臨御以來，一心懍惕。匪忘誠虔，其奈德薄？春晴浹旬，夏暘跨朔。乍雨旋霽，罔非神錫。胡不終惠，尙慳普洽？童濯山容，枯涸泉脈。無日不陰，有風斯虐。種不入土，秋將焉穫？萬姓魚喁，四野龜坼。哀彼何辜？寔予不辟。於赫后稷，臨于東域。自封有邰，蒼生允殖。無國不禋，功施斯博。矧今蘊隆，匪神曷祝？有民有食，維神之職。烈彼陽曝，將近初伏。圭璧之薦，已遍河嶽。敢又齋誠，冀賜盈尺。

右后稷氏。

社稷報謝祭文【丁酉七月】

儆予否德，降旱斯酷。念民無辜，旋注霈澤。秋事庶幾，神佑曷極？敢稽報謝？敬薦泂酌。

右國社。

載物其博，莅中配極。囿我生民，育我庶物。一雨四方，伊誰之錫？替謝冥貺，庶冀俯格。

右后土氏。

彌月孔旱，謂神棄予。甘澍滂沱，渴望之餘。瞻彼四野，及時耘鋤。泂酌斯薦，微誠少紓。

右國稷。

播我百穀，惠我群生。遂降霈澤，驗彼西成。實賴冥應，匪予虔誠。敬告崇報，祀事孔明。

右后稷氏。

社稷祈雨祭文【壬寅六月】

社與國立，神實治茲。惟土惟人，匪予所私。災惟神降，澤惟神施。神何予怒？祈穀孔時。三月不雨，二麥旣萎。汔可蘇矣，壹以晅之。節届金伏，期失秧移。畇畇甫田，滌滌亢曦。抱耒收鋤，下民其咨。無禾無[28]食，溝壑則宜。予念茲艱，憂不可支。沴豈無召？咎固自知。將昭厥戒，熯最京師。不腆其誠？霈慳代犧。神非難諶，罰亦奚辭？惟是不忍，予愆民罹。赦斯恤斯，猶仰神慈。神苟失依，孰供明粢。懍惟大命，近在睫眉。亟垂甘澍，罔俾靡遺。

右國社。

有嚴神后，克平九地。求福報功，前志攸記。自我肇祀，靈應恒至。涵育無疆，群生畢遂。孰閼其惠，驕魃爲祟？虐炎四熇，甘澤壹閟。池涸魚喁，林焚鳥墜。田坼秧枯，農撤其事。哀我赤子，亦孔之瘁。無麥可鎌，無禾可穗。俾爾盡劉，夫豈天意？災祥有徵，否德攸致。遍籲微忱，尙靳神賜。一雨不周，六責是愧。以朝以夕，愈渴予企。若又失今，望絶耘蒔。民之塡壑，逝將立視。國固靡恃，神亦奚利？陳祀北牖，我誠攸萃。庶其滂沱，沃茲焚熾。

右后土氏。

稷爲穀長，寔主我稼。尊竝太社，廣敷玄化。凡厥黃茂，神祐是藉。爲酒爲醴，不替報謝。今春之旱，迄茲季夏。赤土生煙，杲日

28 無《弘齋全書·社稷攝行祈雨祭文》에는 "爲"로 되어 있음.

可怕。或霏或湅，亦秖以乍。麥穗鮮粒，秧坂如炙。袖手彷徨，農功休罷。哀彼民命，朝夕以假。予用憂悸，罔敢豫暇。想見嗷嗷，如臨田舍。召愆致沴，予固知過。惟神之仁，斂祐則那？災胡不弭，福胡不迓？殄此嘉種，彼魃胡赦？菲幣斯陳，靈庥願借。我求云極，爭以蚤夜。神之聽之，雲車翩下。呼召風雨，沛然而瀉。

右國稷。

於皇后稷，率育下民。誕降嘉種，功莫與倫。莅玆冢土，報以精禋。凡有災咎，是控是陳。矧玆一旱，已逾九旬。修綆艱汲，汚畎生塵。三農廢撤，萬姓嚬呻。喁喁待盡，哀此涸鱗。予不遑寧，薦幣斯頻。南東有壇，昭假有神。以霔以霏，靈應輒臻。亦知嘉惠，奈未霑均？匪天不監，匪神不親。而猶閟澤，職由一人。政乖誠蔑，譴豈無因？恫是無辜，同罹胥淪。后初粒烝，惟德之純。曷俾捐瘠，不終厥仁？民病愈棘，我籲載申。遄賜大霈，毋踰玆辰。

右后稷氏。

社稷祈穀祭文【戊申正月】

有國則社，宗于百神。常禋用戊，夙祈在辛。寅秩大祀，遹追寧人。黍稷惟馨，金石旣陳。錫以屢豐，永綏斯民。

右國社。

皇矣后土，厥德配乾。含弘博厚，六府資焉。輯我黎元，奠我山川。百爾所思，莫如有年。願鑑微誠，歲功罔愆。

右后土氏。

民以食天，司維國稷。尊竝太社，粒由爾極。予愧否德，神任丕責。豈其待祈？禮則孔夙。用彰功施，俾富能穀。

右國稷。

其始播穀，后稷烝哉。相彼穎包，肇厥藝培。農祥旣正，上辛爰回。徂賚大東，其永無災。於千萬年，有秩籩罍。

右后稷氏。

諭京畿、洪忠道監司守令等綸音【癸卯正月】

王若曰：自有去秋，畿湖大歉，予之不遑寧息，已踰歲矣。宰夫以時進膳，輒思頷顑之民，直欲包于簞盛于壺[29]，遍及乎蔀屋而不可得也。噫！稅則蠲，糴則停，蠲者、停者雖免鬻鼎賣屋之苦，有何餘粟能及窮春？又況不蠲而不停者乎？歲前之幾廵救急，見救者容或免浮黃之色，不見救者安知無癸庚之呼乎？方今開春有日，賑事已始。嗟！予無依無告之民，果能不于溝壑、不于道路而安堵待哺否歟？賑之難有四：飢口之虛、實易蒙也，穀品之精、粗易雜也，斗升之小、大易換也，鹽醬之鹹、酸易混也。失此四者，與不賑等耳。故分粟則躬自監量，饋粥則躬自嘗味者，法意非偶爾也。予又聞之，小民之或事傭賃，或事薪樵，終歲勤動，無穀可生者，固所矜惻，自在付食。而至於前銜朝官暨夫章甫之士，恥於其名，忍飢不願。又其中班族婦女之窮寡者，旣難呼籲，且乏僮僕，莫之自衒，坐而見漏。如此之人，守令躬行閭里，極意搜訪，宣布曉告[30]，抄出分授[31]，無令一人不獲其所。歉歲開賑，從古何限？而必稱益州之韓、青州之富，以其一箇誠字貫徹民情故耳。軒、岐之聖於醫，龔、黃之工於治，亦是誠而已。毋泥於古，毋拘於常，盡吾誠做將去，無令韓、富專美有宋。兩道賑資，已令區劃，發公倉賑國民，若無事乎別般拮据。而予自嗣服以後，凡係內需之用，一切省減，以其應入別儲一帑，予非私其財也，蓋爲吾民水旱饑饉之資也。別施恩澤，況有國朝故事？今下京畿錢六千緡、胡椒二百斤，洪忠道錢四千緡、胡椒一百斤，卿其祗受，酌量均排於設賑諸邑，以補其不足。噫！投醪於水，水豈有味？而所相感者心也。此物雖薄，亦庶幾知予臨御膳思蔀屋之至意也。九重敻邃，莫能躬察，則所

29 壺 底本에는 "壼"으로 되어 있는데, 奎章閣本과 《弘齋全書·設賑諸道賜帑需別賑資綸音》에 근거하여 수정함.

30 告 底本은 훼손되어 판독이 불가한데, 奎章閣本에 근거하여 수정함.

31 授 底本에는 "受"로 되어 있는데, 《弘齋全書·設賑諸道賜帑需別賑資綸音》에 근거하여 수정함.

恃者方伯與守宰也。抄一口分一粟，若予之臨視，夙宵憧憧，毋怠毋忽，活我窮民以奏膚公。勤則有賞，慢則有罰。予又何多誥？雖在之次或稍實之邑，窮春民情，想必艱食。凡其撫摩之方，亦豈間於尤甚之處也？予方宿齋於宮，祗詣社稷，以今上辛之日，躬薦牲幣。玆於享所，庸敷十行，卽爲民祈豐年之意也。

社稷署儀軌

卷之五 故事下

傳教

肅宗十三年丁卯十一月，因領議政南九萬啓宗廟覆爵事，敎曰："奠爵獻官方在殿內時，則所覆之爵，更斟以獻爲宜，而初獻禮畢後，亞獻、終獻時，或覆已獻之爵，則更斟以獻，誠爲未安。以此定式，宗廟、社稷一體遵行。"【《本署謄錄》】

二十一年乙亥十一月，敎曰："予按《禮記·月令》，'孟春之月，乃以元日祈穀于上帝'。夫農者爲國之本，而孟春一歲之首，則以是月上辛祈穀者，豈偶然哉？噫！今年八路之大侵，實是前史所罕也。賑穀之難聚，餓殍之相續，固已切急之憂，而予之所大懼者，正在嗣歲，以穡事豐凶而環東土億萬生靈之死生判焉。赤子靡有孑遺，國家安得獨存？每一念及，中夜無寐，予之所以欲倣古制，而爲生民躬詣社稷，虔誠祈穀者也。其令禮官議于大臣擧行。"【《國朝寶鑑》、舊《太常志》合錄。】

三十四年戊子五月，敎曰："今玆之旱，亦孔之酷。欲雨不雨，甘霔尙閟。此月將盡，節序漸晩。言念民事，心如焚灼，災急燃眉，其可緩聲？予當更爲責躬，親禱于南郊，其令禮官不卜日，以二十五日定行。"政院以癘氣彌滿請寢，不許。又請改卜他處，上命定於社稷。【《肅廟寶鑑》】

英宗八年壬子十二月，敎曰："農者國之本，雖登歲，爲民祈穀，所重大矣。況歲荐歉！新曆旣頒，雖在靜攝，其於爲民，躬何勞哉？上辛祈穀，其將親行。"【《本署謄錄》】

九年癸丑正月，親行祈穀祭後，敎曰："今後社稷祭，亞、終獻官，奠酌時則陞自正路，奠酌後則出自西陛。"【上同】

十三年丁巳閏九月，敎曰："予因領相所達享祀之事，又有下敎者矣。頃往社壇祈雨時見之，神室位版奉安處，旣不精潔。且奉往祭所之際，又多有不謹事云，如此而豈有享格之道乎？此後則神室奉安與位版往來時，亦爲各別申飭可也。"【《禮曹謄錄》】

十八年壬戌八月，親享後，上曰："壇司令奉神位還安時，宜由正路，而不遵步席，且壇下則使守僕替奉云，褻慢甚矣。其在事體，當令該府處之，而此不過因循謬規之致，壇司令從重推考。此後則壇司令、典祀官與大祝，同爲還奉事，申飭可也。"【《本署謄錄》】

二十三年丁卯六月，敎曰："《易》曰'王假有廟'，王者所重，莫先於寢廟，亦莫先於祭享。莫重祭享，簠簋爲先。今因守門軍事，乃知雇軍之弊，而其中尤爲寒心者，其不謹乎祭器也。噫！以冕衣躬審祭器，何等重也，而一任雇軍之手乎？太廟如此，社稷、眞殿之弊，推可知也。大抵不謹守直，其雇軍也；或有偸竊，其雇軍也。此後則太廟、社稷、眞殿永革雇軍之弊，以鄕軍壯實勤幹者擇送。而若是下敎之後，或有復踵前習，其或不謹擇送，則本署官員、當該衛將，當繩以重律。"【上同】

七月，敎曰："凡幣帛、祝文之望燎、望瘞，精不精異焉，而我朝行已數百年，雖難輕議，而年久祝、幣移埋處，不可不定其處，以防不潔。太廟、社稷、永禧殿、各陵·殿、各廟·墓、大成殿·廟墻外精潔處定其處，廣狹隨其地形，圍以小墻，而長僅盈尺，以表埋處。"【上同】

十一月，敎曰："昔年闕內入直官員及廟、社獻官、執事，闕門內、廟門內不敢着便服事，已有申飭。而歲月稍久，不無解弛之弊，另加嚴飭。廟、社、殿三處部將，便是守門將，廟門開閉，宜着冠服，亦依守門將例看檢。而今聞或着便服、或着軍服，亦無一一看檢開閉之事云，其涉寒心。此後則嚴飭後復若此者，本署及[1]該曹草記，令兵曹梱汰。凡祭享時亦爲檢察雜人，一依闕門爲之。而門開閉，向昏而閉，日曙而開，一遵闕門例，而無奉命人來到，則不敢任意開閉事，一體申飭。"【上同】

二十四年戊辰三月，敎曰："曾聞相臣陳達，廟門外無路臺石，下馬於廟門階砌云，其涉不敬，依闕門例設石。廟門若此，社門可知。社門若無，一體擧行，殿門亦爲設石，定其界限。"【《禮曹謄錄》】

四月，敎曰："犧牲祭享所重，而實于鼎詣饌幔，實于匣，旣復舊禮。典祀官帥宰人，以鑾刀割牲，祝史各以盤取毛血，依禮文。自今大享，勿論親享、攝行爲之。噫！禮非不纖悉，而其寢而不行者，卽其時獻官及諸執事之怠慢也。今者申飭之後，其或怠忽不行，則此豈重其享之意？以此書諸謄錄，同《五禮儀》藏置本署。"【《文獻備考》】

二十五年己巳四月，敎曰："毛血同焚於坎，心有所怵然。令儒臣博考典禮，無可據之文，而於太廟〔不爲〕[2]同瘞於坎，則可以傍照。此後社稷毛血則瘞於北壝門內潔處。毛血先瘞於坎，心誠求歆之意，而因訛襲謬，唱瘞後不卽瘞，置於坎傍，行祀畢後望燎、望瘞時一時擧行，此非制禮之意。此後凡係祀典，唱瘞後卽爲擧行。"【上同】

五月，敎曰："薦俎肉升于鼎實于匣時用匕，載在禮文。而今聞無制置者，廟、社一體制置。"【上同】

1 及 底本에는 "報"로 되어 있는데，《承政院日記》英祖 23年 11月 14日 조에 근거하여 수정함.

2 不爲 底本에는 없는데，《英祖實錄》25年 4月 14日 조와 《承政院日記》英祖 25年 4月 14日 조에 근거하여 보충함.

二十九年癸酉五月，敎曰："凡大祭，前期肄儀可也。至於郊壇祈雨肄儀，近於先事，褻瀆甚矣。大抵攝行，無此例而惟親祭有此。此不過重於親祭，不顧其褻瀆者，爲民祈雨，何敢瀆耶？此後祈雨肄儀祛之，只令禮儀使率諸執事，預爲祭壇，直〔指揮〕[3]爲向方及儀節。"【《本署謄錄》】

五月，敎曰："其雨其雨，雲漢愈高。九次祈雨，霈然猶邈。若過今月，奚望西成？思之及此，若恫在己。頃者再次親禱，不能得霈，今則又宜虔誠，而悶其軍兵，姑令停止。于今遲回，更待何時？且頃日減膳之敎，已諭今二十六日。十次則當代犧親禱於社壇。"【上同】

三十一年乙亥正月，敎曰："今雖衰矣，爲民之心豈衰？況値此年上辛祈年，其欲躬行，今者之氣，其何以寒壇徹夜乎？特[4]命攝行，今日此心何弛？咨！獻官諸執事，體予此意，恪勤虔誠，以祈大有，保我元元。"【《禮曹謄錄》】

四月，敎曰："《五禮儀》'黍稷茅束瘞於坎'，意重粢盛。且稻、粱、黍、稷中只取二器。《書》不云乎？'黍稷非馨，明德惟馨'。亦重黍稷之義也。今番望瘞時，見瘞坎中有茅，而所束黍稷，非所薦粢盛也，以餘黍稷納之云。若如《五禮儀》而爲之，徹籩豆後，大祝當取各室黍稷小許，以匙盛於器，望瘞時束茅同置坎中，茅亦依禮文用白茅，長不過周尺。"【《文獻備考》 ○宗廟親祭後有此傳敎，社稷一體奉行。】

十一月，敎曰："噫！臨御卅載，不能體昔年爲民。稔歲少、歉歲多，而今年穡事，尤爲憫焉。頃者已示微意，其令儀曹，新曆頒布後，親行祈穀祭，依例擧行。噫！常訓旣諭，惟昔年肌膚何惜之敎，豈曰衰耄而爲民不祈歲乎？歲若稍登，將有歸拜之顔，其何憚也，其何憚也？"【《本署謄錄》】

3 **指揮** 底本에는 없는데, 《承政院日記》 英祖 29年 5月 15日 조에 근거하여 보충함.

4 **特** 《承政院日記》 英祖 31年 1月 6日 조에는 "雖"로 되어 있음.

三十二年丙子二月，教曰："旣當社稷親祭之月，此心憧憧。朔拜以回，不釋袞衣，親製祭文以下，分付香室擧行。"【《禮曹謄錄》】

三月，教曰："凡親押時，以常時硯匣用之，非致敬之意。此後廟、社及書房色，各造硯匣一，匣上刻親押硯匣，廟、社件常置於祭器庫，書房色常置於樓庫。廟、社則親祭時以此待令，書房色則皇壇及殿、陵、宮、園親祭時及親傳香時待令，而筆、墨各一，卽其時自尙方、工曹封送。"【《本署謄錄》】

三十三年丁丑十月，教曰："凡於望瘞，不無不潔，心常凜然，皇朝有改瘞爲燎之禮，故欲遵此禮，問于大臣，大臣獻議亦然。廟、社、殿體重，祝文雖難輕議，置於後坎，尤亦不潔。過祭後，祝則瘞，幣則燎，置於內坎。歲末廟、社則提調與廟司、壇司眼同，殿則禮堂與殿司眼同，外坎精燎。此後祭享望瘞，依例爲之，歲末望燎，依此擧行，則存舊禮致精潔，各得其宜。以此載於《補編》。"【十一月，禮曹判書李益炡入侍時，執禮笏記中望瘞，改以望燎事，下教。○戊寅正月，孝昭殿親祭時，廟、社、殿望燎，春秋奉審時爲之事，下教。○《禮曹謄錄》、《本署謄錄》合錄。】

三十四年戊寅十二月，教曰："噫！雖在被衰哀慕之中，夙宵一念，其惟元元。況今年穡事，大違初料！必欲爲民祈年，靜而思之，孝昭殿大享在於致齋之日，若親行而又行社稷，大欠致潔之道。欲只行社壇，則三年內大享只有一次，其欲復行，焉可得也？於社壇遣大臣攝行，攝行大臣及諸執事，孝昭殿祭勿參。噫！於殿於社，難以俱行，若是下教，吁嗟！國社豈不顧予心？嗚呼！元元亦諒此意。"【《禮曹謄錄》】

三十五年己卯閏六月，教曰："今年雨暘適中，庶幾秋成，一霽不雨，今已準朔。鋤後之旱，農民最忌，而烈陽杲杲，雨意愈邈。節雖閏夏，秋節已報，何循常例？況三載衰痲，曠禮已久，此豈國君重社稷之意乎？吁嗟！一心只望大有，若或其愆，何心玉食？思之及此，莫知盛暑。二十五日，當代犠親禱於社壇。"【《本署謄錄》】

三十六年庚辰六月，祈雨祭親省牲器後，敎曰："噫！《孟子·觳觫》章，鄒聖稱齊宣以仁心奚謂？齊王昔年親行親享之後，月餘不御牛肉，予嘗仰覩。噫！否德致旱，田疇將拆，民將溝壑，寔予之咎。當此盛暑，軍兵勞攘，寔予之咎。親禱至再，尙未周洽。今日又詣社壇，軍兵無辜，其尤牛羊。欲爲奉審祭器，入神廚門，犠牲已捧，而牛在其中。衆軍環立，此將爲宰牲而然也。看來矜惻，奚徒齊宣之心？受膰體重，不可闕也。今番膰肉，只封其羊，以示予體昔年盛德之意也。"【《禮曹謄錄》】

三十八年壬午六月，敎曰："噫！否德誠淺，徒勞我三軍，未得一霈，究厥所由，卽在一人，萬民何辜？況〔目〕[5]覩田疇，惔灼二字，可謂歇後語耳。其何循常，亦何曠日？曾亦有例，不卜日十三日，南壇則遣大臣祈雨，社壇親行祈雨。祭文當製下矣。"【《本署謄錄》】

四十年甲申五月，敎曰："三次祈雨，微誠未格，昨今雨意愈邈。今則仲旬隔日，望雨益切，再明日，當代犠親禱於社稷。祭文當製下。"【上同】

十二月，敎曰："廟、社、殿城內受香，與陵受香有異，而今日乃覺書吏陪行，事體如何？此後廟、社、殿受香，忠贊衛陪進。"【上同】

四十一年乙酉正月，祈穀祭香祗迎入侍時，敎曰："萬萬料表，今添一歲，追憶昔年，五內若隕。旣不冥然，則吁嗟一心，惟在民國，

5 目 底本에는 없는데,《承政院日記》英祖 38年 6月 11日 조에 근거하여 보충함.

昨年穡事，大違初料。設賑方張，輿惟元元，若恫在己。今歲祈年，豈付輔相？其雖親行，自可爲也，而其若命行，必也苦爭。命而又攝，其亦欠誠，故其雖攝行，心猶憧憧。與世孫香祗迎，若周公《豳風》篇令冲子知稼穡之攸重，而隨香至於闕門外，此亦若親行之意。以此何伸微忱？況在此闕咫尺社壇，何敢便睡？今夜祭正時前二刻，詣武德門內紫極門，望社而立，禮畢後當入。"【上同】

正月，教曰："噫！望八歲初，《小雅·北山》章將畢，而今日所講何章？一則《楚茨》章，一則《信南山》章，始於稼穡，終於祭享，而其所形容，怳若圖焉。噫！此公卿力田、奉祭者，而其猶若此。噫！不肖否德，四十一載臨御，年且七十二。而其於享祀，誠淺誠淺，莫覩《楚茨》四、五章之儀。今講此章，不覺瞿然，亦且歆羡。惟自飽讀，因此有不耐于心者，亦有勉勑者。噫！盛壯之時猶然，況今益衰。以不耐之心，及今不爲，更待何時，亦何待其稟？噫！以世孫、諸臣之請，决不欲之事，其猶預許，況莫重享先之事，數月之間，何不預諭？來頭夏禴，當爲親享，其令儀曹先爲知悉。讀此章，亦豈不勑？卿大夫只事宗廟，故言此，而國君有廟有社，所重、所敬一也。令入侍儒臣寫《楚茨》、《信南山》章下段，書今下教，一件，揭諸太廟香大廳左傍，一件，揭諸社稷香大廳右傍，以示予興感勉勑之意。"【當宁辛丑仲夏重刻，因特教命司僕寺主簿臣曺允亨書揭。○本署懸板】

十一月，禮曹啓，來正月社稷祈穀祭攝行事，教曰："噫！今年穡事，又違初料，暮年一心，惟在元元。今番必欲行焉，而陽復已過，一年又添而然歟？昨日以來，益覺其衰，眩氣又作，其雖欲行，難以必焉。依稟擧行，而雖命大臣攝行，諸執事依親祭例，令該曹另擇，必也虔誠祈年，少伸此心焉。"【《本署謄錄》】

四十二年丙戌十二月，禮曹啓，來正月社稷祈穀祭攝行事，教曰："爲民祈年之心雖切，誠難誠難。雖攝行，諸執事依親祭例擧行。"【上同】

四十三年丁亥十二月，教曰："子曰'禮云禮云，玉帛云乎哉？樂云樂云，鍾鼓云乎哉？'噫！聖人豈欺我哉？以此觀之，玉帛、鍾鼓，文也；誠心、懇禱，質也。頃年雖行親祭，誠淺莫孚，心常自恧。古有一人慢神，猶致三年之旱，顧不重歟？噫！未能躬禱而耿耿，故近年有御苑望社壇經夜。今則此事難望，只抱耿耿之懷，申飭有司而已。另飭本署官，先潔壇壝，雖無前期致潔，今番凡行事執事官，自今日淸齊虔誠。"【上同】

四十四年戊子十二月，禮曹啓，來正月社稷祈穀祭攝行事，教曰："噫！昔年爲民，予已仰覩，而祝有年御詩，何敢忘也？而況今年穡事，大違初料。明春祈年，卽予一心。而噫！今年之氣，比前日下，莫重伸禮俱闕，豈待諸臣之爭？予亦誠難，故只命依允。此豈體昔之道，亦豈爲民之意？仰愧俯怍，此心一倍，諸執事別擇祭物，亦爲申飭，使予無如不祭之歎。"【上同】

四十五年己丑正月，教曰："其欲香祗迎，恐或欠潔，雖不命下。噫，數年之前，武德門內瞻望徹夜，而今年誠難。噫，一心憧憧，卽追慕也元元也。其日雖不若前，奚敢宿於燠室？初六日夜，當率中官，德游堂過夜，此仰體昔年祝有年御詩也。祭物與諸執事，另加申飭。"【上同】

正月，教曰，"祈穀祭命遣大臣，又用齊戒，卽癸亥受教，而今聞不載《續典》，故眩於奉行云，大不然矣。此不過《續大典》撰輯之時遺漏者。自今依受教遵行，此爲民重事，載於《政院故事》。"【上同】

正月，上以體候不平，命攝行祈穀祭，遂御德游堂終其夜。教曰：“九成之樂，至理存焉。凡親享、攝行，聲之遲速判異。其若悤悤，豈有感通？雅樂、俗樂一倂申飭。”仍下綸音于八道、兩都，飭勸農。【《國朝寶鑑》】

四十六年庚寅六月，教曰：“今聞社稷都提調所奏，神室中有不潔之事云，聞甚瞿然。其若奉神以誠，豈有此事？祭文製下，慰安祭不卜日十三日擧行，獻官、執事另擇行祭後，塗褙、鋪陳，皆令一新。”掌令申大脩啓：“請該署入直郎廳拿問勘處。”上曰：“近者日候，有若耳提面命，意謂有何等某樣事？方切懍惕，其聞此報，乖常之氣卽至，亦莫知此物經何日也。其不能預爲防護，焉可無飭？自初九日至報事直郎，特施不敍之典，以勵此後可也。”【《本署謄錄》】

四十七年辛卯正月，教曰：“今聞社壇祈年祭，清齊一宿云，雖非祀典中大祭，或親行或命相，事體顧不重歟？雖無七日戒之例，前期三日塡差，必也散齊二日，致齊一日。”【上同】

七月，教曰：“昨夕用心，中夜甘霈，誠是萬萬料表。是誰之賜，是誰之賜？陟降攸賜，報謝敢稽？再明命大臣，宗、社報謝祭文製下矣。”【上同】

正宗元年丁酉五月，教曰：“噫！近日亢旱，可謂孔酷。幾次禱雨，霈澤尙閟，出日杲杲，繼以凄風。言念民事，若恫[6]在己。顧予微誠，豈以仰格天心？而民事之渴悶若此，代犧躬禱之擧，有不容少緩。況敬考已例，親禱之擧，自孝廟朝至于先朝，每於元年而多至於三四次矣。予之尙今遲待者，非敢慢也。特以服色之有變改，不忍遽然命行。視先朝親行之時，抑云晚矣，亦予誠淺之一端。不卜日，當於初九日，躬詣社壇，親行祈雨祭。齊官另加擇差，其各[7]體

6 恫 底本에는 “切”로 되어 있는데, 《承政院日記》 正祖 1年 5月 7日 조에 근거하여 수정함.

7 各 底本에는 “若”으로 되어 있는데, 《承政院日記》 正祖 1年 5月 7日 조에 근거하여 수정함.

予虔禱之意，必也沐浴其身，洗濯其衣，務盡齊明之道。”

五年辛丑正月，教曰：“享日不遠，淨掃等節，使之摘奸以來矣。莫重壇上，全不修掃，已極駭然，而況壝門內壇側，不屑之物若是夥然，此時若此，常時不謹可知，不可無別搽嚴處之道。入直本署官員洪允五爲先汰去，令該府從重勘處。”

七年癸卯正月，親臨祈穀祭，齊宿本署時，命修《社稷署儀軌》。【傳教幷揭卷首。】

教曰：“近來親享之後，門內必令淨掃，翌曉仍遣宣傳官摘奸，便作應行之例。此後雖無是教，署郞率部將、軍人，卽爲修掃，來告政院事，定式施行。”

教曰：“廟、社事體一般，而太廟有朔望〔酌獻〕[8]、五時大享，廟官擧行庶免生疎。至若本署，只行春秋及臘日大享。以是之故，祭儀不無錯糅之歎，年前來此，已有飭敎，未知伊後果能一一遵守，圖式則捧講，儀節則肄習乎？且以署郞言之，間多不擇，亦安望事事[9]修擧？以此意令都提擧知悉，另加察飭。又若門禁，與廟、宮亦無異同，而解弛日甚。後[10]或有平服出入壇門之事，勿論郞官或部將，隨現重勘，斷不饒貸，亦爲嚴飭。入直官淸齊然後就直，若不時替直，過一宿奉審，亦有先朝揭板受教，依此遵行之意，更加申飭[11]。”

九年乙巳正月初二日，教曰：“我國之壇享，卽古之方丘也。陶、匏、鉶羹，掃地將事，而明靈洋洋如水之在地，州、府、郡、縣莫不有社稷之責。曾在先朝，以外邑壇社之欠潔，屢下飭敎。近聞諸路社壇，多不修治，壇壝則剝落，箭門則頹圮，而守宰輩視之若城隍

8 酌獻 底本에는 없는데, 《承政院日記》 正祖 7年 1月 8日 조에 근거하여 보충함.

9 事 底本에는 “之”로 되어 있는데, 《承政院日記》 正祖 7年 1月 8日 조에 근거하여 수정함.

10 後 《承政院日記》 正祖 7年 1月 8日 조에는 “復”으로 되어 있음.

11 申飭 《承政院日記》 正祖 7年 1月 8日 조에는 “申明分付”로 되어 있음.

諸壇，致使莫重禋祀之地，鞠爲樵牧之場云，事體之屑越，未有甚於此。至若享禮之不遵儀式、祭品之不能精潔，推此可知。夫守令之職，民、社爲重，此不致誠，餘何足觀？以此意，令該曹申明關飭各道，壇社之可合修治處，隨卽葺理，各置守護校卒，定其標限，另禁雜人，每朔月終，以社壇有無事，論報營門，自營門轉報儀曹，以爲考勤慢之地。外此享禮也、祭品也，判堂錄出一通，後錄粘關，依此遵行，俾無如不祭之歎。仍以此傳敎，載之《本署儀軌》。如是下敎之後，道伯、守令又復抛置，來頭繡衣或宣傳官摘奸之行，如有現發者，當別㨾重勘。以此一體嚴飭，擧行形止，仍令狀聞事分付。"

十年丙午四月二十四日，敎曰："修改時移、還安，事體至爲重大，而本署提擧雖不備員，仍爲擧行，必是因循謬例而然。此後移、還安時，都提擧、提擧備員進參。"仍令載之廟、社、宮儀軌[12]。

12 儀軌 《承政院日記》正祖 10年 4月 24日 조에는 "儀範"으로 되어 있음.

十一年丁未五月二十九日，禮曹，社稷神室雨漏處修改，待晴擇日擧行事，草記。敎曰："允。神室雨漏，無歲無之。此蓋守直官員不謹之致，室上落葉雜物，這卽掃除，豈有是也？若曰奉安之故，不敢爲云爾，此亦不然。每年內享事，凡爲幾次？則出奉之時，豈無升屋掃除之便乎？自今定式，應限內執頉，則監役繕工官，不但如式論罪，本署官員之爲祭享時行公人，必於考績，置之次考。守僕入啓科罪。"

七月初十日，禮曹，社稷神室雨漏處修改，吉日令日官推擇，則今七月十七日爲吉云，草記。敎曰："依所啓施行爲旀，此後神室修改，如有移、還安之擧，則本曹堂上一員與本署提調，眼同監董事，定式。"

十二月，教曰："祈穀祭不列於祀令，非親行則單獻、小牢無樂舞。我朝祈穀，始自肅廟朝，而于社不于郊，考倣斟酌之聖意，可以仰認。第於攝儀，尙有缺典。若用春秋仲時享儀，三獻、大牢、具樂舞，陞列於大祀，允合禮宜。令禮曹發遣郎官，問議于大臣以聞。"禮曹啓："問于大臣事，命下矣。發遣郎廳問議于大臣，則領議政金致仁以爲'下詢禮節，係是國之大事。如臣病昏鹵莽，何敢臆對？而謹按《月令》，孟春祈穀于上帝。鄭玄謂以上辛郊祭天也，證以孟獻子郊祀祈農之說，此祈穀之所由本。而先正臣宋時烈引《周禮》「凡國祈年于田祖」之文，以爲「雖非天子，亦無不可」。遂行祀于社壇，則聖意斟酌，誠如下教。攝儀欠缺，亦合追述，而第念當時議禮之臣，考倣損益於親享、攝禮之際者，必有其說，是未敢知也。《周禮》「凡享大神、大示，王不與祭祀則宗伯攝位」。註曰「王有故，代行其祭祀」而已，未聞其有減損儀節。而祈年田祖，有歈豳擊鼓之節，亦見其不可無樂也。且社稷三享，雖非親臨，必皆備三獻用樂舞，則此亦爲可據之一端。事同郊祀，禮實不輕。今一依三享攝祼之儀，陞列大祀，恐爲得宜。淸問之下，無容別議，而祀典至重，宜致兢愼。惟在聖上博詢而審處，伏惟上裁'云。左議政李在協以爲'上辛親享，始行於皇朝嘉靖，而我朝未遑焉。肅廟斷然行之，著爲定制，甚盛典也。但旣非祀典所在，故親行、攝行禮有隆殺。《續五禮儀》曰「孟春上辛祈穀祭儀節，親臨同大祀，攝事同祈告」，斟酌定制，必有考據講定者。然按《禮記》云「孟春祈穀于上帝」，《春秋傳》曰「郊祀后稷以祈農事」。我朝之於社不於郊。雖出於天子祭天、諸侯祭土之義，而其事則固莫重也，其禮則固莫盛也。肅廟創之，先朝行之。我殿下自御極以後，歲歲躬祼，祈年之誠，述祖之念，可以仰認。且社稷之設，本爲民事，元日之祀，卽每歲祈農之常典，有非一時祈告之比，則備其儀文，躋於大祀，實合於重農之意。此亦所謂禮可以義起者也。第念大享事體，至爲嚴愼，求之古禮，又無的據。以臣謏昧，不敢妄議，伏惟上裁'云。

領中樞府事鄭存謙以爲'今以祈穀祭陞列大祀，特下問議之命，寔出我聖上夙宵虔誠，一念重祀之至意，不勝欽誦。如臣癃殘之喘，猥忝收議之列，惶恐隕越，不知所對。第伏念上辛祈穀，倣《周禮》「凡國祈年」之文，而不以圜丘之制，雖寓斟酌之義，歲首祈年，錫福烝民，其事之重、其禮之尊何如也？然而祈穀攝享之不用大祀之儀，與尋常祈告一例磨鍊，似是未遑之典。先朝甲午正月初七日，香祗迎入侍時，祈穀攝儀時用樂與否，使之問入，仍下傳敎，載在《本署謄錄》，仰認聖人之意。上辛祈穀與春、秋、臘三大享，皆有定期，恐似一體擧行，而事關莫重邦禮，以臣昏昧不敢臆對。惟在博詢而處之，伏惟上裁'云。行判中樞府事徐命善病不收議。領敦寧府事洪樂性病不收議。行判中樞府事李福源以爲'春元祈穀，著於《月令》，聖祖創行。實遵古禮，其義甚大，其禮甚重，而攝行儀節之皆從降殺，似是援用社稷祈告儀也。然社稷元屬大祀時享，則親臨與攝行皆具三獻，用太牢、軒懸，重在於祀，不以攝而有差異也。祈穀歲有定期，便同時享，與尋常祈告，大有間焉。先朝甲午，以用樂增牲之意，再下絲綸。雖因朝議不一，寢不果行，而大聖人重民本虔祀典之至意。猗歟盛矣！今此問議之命，寔出[13]前後之同揆，臣不勝欽頌。而祈穀攝行之爲小祀，載於《續五禮儀》。禮樂損益，事體至重，以臣矇昧，不敢臆對。惟在博詢而處之，伏惟上裁'云。行判中樞府事金熤以爲'古者正月元日，天子祈穀于上帝，王者郊、社之祭，皆祈年也。社祭之時享與祈穀，古無別焉。《詩》曰「以我齊明，與我犧羊，以社以方」，又曰「琴瑟擊鼓，以御田祖」。先聖之制，祈穀于社，備犧牲具軒懸，此可爲證。蓋祭有定期，歲以爲常，則是亦時享，與水旱、癘疫一時祈告，大有異焉。而時享則親享與攝行無儀物隆殺之別。獨於祈穀攝行損益其制，降之爲小祀。當時議禮之臣，必有所考據斟酌之義，而有未敢曉也。今若躋于大祀，并列於時享，備其儀物，無別於親攝，則祀典克備，禮意無缺。明問之下，臣不勝欽頌，而

13 出 底本에는 "仰"으로 되어 있는데,《雙溪遺稿·祈穀祭陞列大祀議》에 근거하여 수정함.

祀享事體，至嚴至重，朦迷之識，不敢臆對。惟在博詢而處之，伏惟上裁'云。大臣之議如此，上裁何如？"答曰："觀此收議，僉議可謂純同。先朝甲午年增牲品之教，聖意可以仰認。壇儀之昔缺今備，不獨本祀儀爲然，春秋及臘大享誓戒無親臨之儀，至先朝始遵中華舊制。時享儀文之增衍，猶尙然矣，況祈穀大祀乎？自來春上辛祈穀，用春秋及臘大享儀，陞列於大祀，祝文、樂章仍用與改撰間，卿等詳考論理草記可也。"又啓："社稷祈穀祭三獻用太牢、樂舞事，大臣收議草記批旨內，自來春上辛祈穀，用春秋及臘大享儀，陞列於大祀，祝文、樂章仍用與改撰間，卿等論理草記可也事，命下矣。臣等取考《社稷儀軌》，則春秋時享及臘享攝行時所用樂章，亦用於親享時。祈穀祭親享之時，亦以此樂章用之，則攝行時樂章亦當依春秋、臘享時例仍用，似無容更議。祝式則春秋時享及臘享有應用之祝。至於祈穀祭，則每當享禮臨時撰進，係是前規。依例親行時則文任撰進，攝行時知製敎撰進，恐合事宜，而莫重典禮，臣曹不敢擅便，上裁何如？"傳曰："允。"又啓："因大臣收議，社稷祈穀祭以大祀擧行事，定奪矣。自今爲始，以大祭陞號，祭品與祭官品秩，親祭、親傳香取稟等節，依春秋仲時享及臘享例擧行，誓戒、肄儀依例爲之之意，定式施行何如？"傳曰："允。祝文不可臨時撰出，以一祝文用之可也。"

十六年壬子八月，敎曰："社壇祭享則神位版自神室奉詣壇所行祀，其爲事體之重大，豈可比於修改時乎？太室則提調進去於修改，況此神位版奉詣奉還之時乎？每欲定式而未果。且以親祭時言之，神位版還安神室也，留俟而行迎送之禮，則攝行時只令壇司陪進，是豈設署置官之意乎？自今社稷大小祀享，本署提擧進去，與初獻官眼同陪奉事，定式。提調若當品，則該曹例差獻官，使之兼行事，分付。"

十二月，敎曰："廟、宮大享時禮成後，樂院工人、太常熟手等，隨卽出送，俾勿經夜事，分付。"

十八年甲寅七月，敎曰："雨意漠然，不卜日，遣大臣祈雨于社壇，明日受香。"
禮曹復膳草記，敎曰："允。今日之霈然，是豈意想之所及？莫非冥庥陰隲之攸賜，禮之報謝，其敢或緩？八月隔日今日所得之外，入夜連爲霔下，祈雨祭則停止，社壇報謝祭當別爲涓吉。時享在近，別設則瀆，以兼行磨鍊。獻官、執事，昨日差祭人通融塡差。牲幣用親行例，祝文以仰謝之意，大提學臨時牌招撰進，添入於例用祝可也。"

二十一年丁巳三月，敎曰："今日展拜，爲新造宮儀圖屛看審後分藏也。來見圖式，編次與圖寫極爲精密。前宮司宜寧縣監洪樂綏陞敍，此亦爲所重之意，則畫員、寫字官等，亦宜酬勞，令該曹給米布後，草記。享儀、享品該備作圖，兼錄圖說及各樣節次，藏于享所，俾各常目遵[14]行，一如今番本宮新造之屛制爲好。禮判主掌監董，太廟〔則〕[15]齋殿、齋室、廟司直所、典祀廳各藏一本，社稷則典祀廳藏一本事，分付。"

敎曰："圖式編役之使〔之〕[16]看檢，以年前《本署儀軌》編次之精密而然。前令尹光濩，令該曹先爲單付署令，待窠陞實事，分付。"

四月，敎曰："《五禮儀序例》齋戒條有曰'大祀守衛壝門者淸齊一宿'。註曰'每門護軍二人，每隅隊長一人，攝事則竝隊長。宗廟、永寧殿門同'。此謂廟、社親行大享及攝享也。又於中祀有曰'文廟門及凡壝門同'。禮制之意，本自如此，此規未知自何時不爲遵行。只於親享時廟、社神門，權令兵曹、摠府郎中守之。挾輦軍列立於門

14 遵 底本에는 "尊"으로 되어 있는데, 《承政院日記》 正祖 21年 3月 17日 조에 근거하여 수정함.

15 則 底本에는 없는데, 《承政院日記》 正祖 21年 3月 17日 조에 근거하여 보충함.

16 之 底本에는 없는데, 《社稷署謄錄》과 《承政院日記》 正祖 21年 3月 17日 조에 근거하여 보충함.

外，雖幸脗合於禮書，攝事則不爲，而中祀亦不擧論。旣覺之，其所修明不可緩。自今申復舊制，而《五禮原儀》成於五衛時，曰護軍曰隊長，而今之護軍，文、蔭、武卿宰從二品以上也。至於隊長，卽旅帥隊長也。古今制異宜，此則勿論，守門護軍則用武臣付祿堂上爲可。此類爲挾輦將爲考喧將。年前以不緊置之，可謂大閑歇。此後就《五禮儀》所載祭享時守門護軍酌量人員數，淸齊後進詣。亦依挾輦、考喧等將望筒啓下之例，兵曹主管。親享時則依近例兵、摠郎守門事，分付。”

〔十二月，禮曹啓：“來正月初二日，宗廟、永禧殿、景慕宮春展謁，命下矣。社稷祈穀大祭肄儀在於初二日，而諸享官皆當進詣於陪班，何以爲之乎？敢稟。”敎曰：“廟、社所重一也。肄儀之初三日定行，禮無不可，依此爲之事，分付。此後如値廟謁，則仍以爲例可也。”〕[17]

17 **十二月……可也** 底本에는 없는데，奎章閣本과 《社稷署謄錄》에 근거하여 보충함.

二十二年戊午二月初四日，春享大祭時，本署提調金載瓚以守宮大將入處闕內矣。吏曹參判李敬一旣兼勳府堂上，率忠贊衛進詣壇內，修掃及熟設等一一兼管檢，神位還奉後退去事，有旨。

四月初二日，宗廟夏享大祭後，口傳下敎內：“此後親祭時，大祝撤饌擧行事，分付。”

六月初九日，大雨後，神室後面東滑只簷端木只三箇折落，仰板一立及龍頭與女夫瓦二十餘張墜破事，馳報禮曹。同日自政院發牌本署，久任郎官進來入直，令柳肅之待令于政院。口傳下敎內：“神室屋上雜草及落葉，常常掃除，則豈有如此之理乎？令禮曹，本署官員久居職人處，查問草記。”禮曹啓：“依下敎查問，則本署令柳肅之以爲‘蓋瓦上雜草落葉，每爲掃除，而樑上塗灰年久剝落，龍頭傾欹，以致雨水滲入於罅隙，板瓦墜落'云矣。常以若能掃除，則豈有此滲漏墜落之患乎？不謹修擧之罪，在所難免。其罪狀，令該府拿問處之何如？”傳曰：“聞是樑上塗灰剝落，致此雨漏云。然則歲初親享，例有修改，則其時不能詳審之致。當該提擧及修改時不善檢飭之戶曹官員、營繕官，令政院査出捧現告以入。此後執頉，依此例論勘之意，定式可也。”現告：本署提調金載瓚、戶曹郎廳李周憲、繕工奉事金宗濩。傳曰：“提調推考，戶曹、營繕官從重推考，本署官員姑爲參酌，此後嚴飭。”

七月初八日，都承旨入侍時，傳曰：“此後社壇神室修改時，依太廟春秋奉審修改例，戶、工曹堂上進去事，分付。”

當宁十一年辛未二月，成均館生徒試才草記，傳曰：“宗、社守僕旣是取才，文廟守僕亦有着實取才之效乎？務加小心，俾盡敬謹之道事，曉諭首守僕輩。宗、社守僕亦各使之知悉。”

四月初五日，傳曰：“祈雨已至再擧，雨意尙今漠然，爲民憧念，夙宵不已。明日當詣社稷，翌曉親行祈雨祭事，下敎。”

五月初三日，傳曰：“誠未格感，雨意茫邈，下念生民，焦思勞心。明日當躬詣崇政殿月臺，親傳香祝，再明日宗廟、社稷遣大臣設行別祈雨祭，而宗廟則兼行於端午節享，該房知悉。”

同月十六日，傳曰：“惟天惟祖宗，默佑陰隲，喜雨多降，三農慰洽，足可以保春間枯萎之苗。心焉懽悅，不可形喩，於廟於社，報謝告喜之擧，不容少緩。明日當躬詣社稷，親行省牲、省器及肄儀，再明日仍行親祭，宗廟則遣大臣攝行，該房知悉。”

六月，傳曰："廟、社祀典，事體至重。行禮時果無欠敬怠傲之失乎？令禮曹別爲申飭。"

二十年庚辰十一[18]月，傳曰："明年卽我慈殿舟梁滿六十年之歲，而三捒之[19]周甲也。懽忭慶祝之忱，曷有其已？再明年稱賀，有不敢仰請，俄筵大臣面奏至當。明年正月上日，以舟梁之六十年，當陳賀，親上表裏，上告下布，以伸區區之情。令該曹擧行，世子行禮，亦爲一體磨鍊事，分付。"

18 一 底本에는 "二"로 되어 있는데,《承政院日記》純祖 20年 11月 17日 조에 근거하여 수정함.

19 之 底本에는 "與"로 되어 있는데,《承政院日記》純祖 20年 11月 17日 조에 근거하여 수정함.

[第五冊]

當宁二十四年甲申八月，行秋享大祭兼神室修改告由祭。

二十五年乙酉六月，行祈雨祭。

七月，行東壝門修改告由祭。

二十七年丁亥二月，行王世子聽政告由祭。

三月，行樂工廳失火慰安告由祭。

七月，行王世孫誕降告由祭。

八月，行秋享大祭兼北壝門修改告由祭。

九月，行上尊號告由祭。

十二月，行王世子代行臘享大祭肄儀，春塘臺設行。

十二月，行王世子代行臘享大祭。設行申時，稷壇下東向設位，親押。因下令壇司令金在宣陞敍，令金在敬、金騏獻各兒馬一匹賜給。行首守僕李仁祿加資，李允根、鄭繼周、金鼎瑞、車聖運、朴晟義、李得元、金象炫七人各白木二疋式賜給。

二十八年戊子二月，行春享大祭兼黼黼及南壝門修改祭。

二月, 行北壝門灰墻修改告由祭。

七月, 行神室修改告由祭。

二十九年己丑正月, 當宁恰滿四旬稱慶告由祭。

四月, 行西壝門修改告由祭。

十二月, 行臘享大祭兼北神門、東挾門及亂簾修改告由祭。

同月, 王世子代行祈穀大祭肄儀, 春塘臺設行。

三十年庚寅正月, 王世子代行祈穀大祭設行。

五月, 行王世子患候祈禱告由祭。

同月, 行王世子薨逝告由祭。

七月, 王世子啓殯告文祭設行。

八月, 王世子發靷祈晴祭設行。

九月, 王世孫冊儲告由祭設行。

三十一年辛卯八月, 行秋享大祭兼亂簾修改告由祭。

三十二年壬辰六月, 行祈雨祭。

六月，行神室龍頭墮落慰安告由祭。

七月，行灰墻修改告由祭。

同月，行神室鋪陳修改移、還安告由祭。

三十三年癸巳二月，行春享大祭兼亂簾及北神門修改告由祭。

四月，行東壝門修改告由祭。

六月，行神室修改移安告由祭。

八月，行神室修改還安告由祭。

三十四年甲午八月，行秋享大祭兼亂簾修改告由祭。

十一月，行大殿患候祈禱祭。

同月，行大行大王昇遐告文祭。

同月，行王世孫承襲告由祭。

同月，行大王大妃殿垂簾聽政及翼宗大王追崇告由祭。

當宁元年乙未四月，行大行大王啓殯告文祭。

同月，行大行大王發靷祈晴告由祭。

七月, 行神室雨漏處修改告由、移安、還安祭。

二年丙申二月, 行春享大祭兼神室亂簾修改告由祭。

十二月, 行祈雪祭。

同月, 行祈雪報謝祭。

三年丁酉正月, 行大王大妃殿、王大妃殿上尊號告由祭。

二月, 行春享大祭兼神室亂簾修改告由祭。

三月, 行嘉禮告由祭。

五月, 行西壝門修改告由祭。

同月, 行祈雨祭。

七月, 行神室仰板墜落慰安祭。

同月, 行神室修改移安、還安祭。

四年戊戌正月, 行大王大妃殿寶齡五旬陳賀告由祭。

閏四月, 行南壝門修改告由祭。

五月, 行祈雨祭。

六月, 行十次祈雨祭。

同月, 行祈雨報謝祭。

八月, 行秋享大祭兼神室亂簾修改告由祭。

五年己亥正月, 行大王大妃殿寶齡望六旬尊崇、陳賀告由祭。

二月, 行神室滲漏慰安告由祭。

同月, 行神室修改移安、還安祭。

五月, 行灰墻修改告由祭。

八月, 行秋享大祭兼神室修改移安告由祭。

同月, 行神室修改還安告由祭。

六年庚子三月, 行神室修改移安、還安祭及亂簾修改告由祭。

七年辛丑二月, 行大王大妃殿上尊號告由祭。

三月, 行大王大妃殿母臨四十年陳賀告由祭。

同月, 行灰墻修改告由祭。

八月, 行秋享大祭兼神室亂簾修改告由祭。

八年壬寅六月, 行祈雨祭。

十月, 行西壝門及神室亂簾修改告由祭。

고전번역위원회

위 원 장　이동환

위　　원　권세훈 김언종 김　영 김　현 노기식 문석윤 박홍갑
신승운 이강복 이귀원 이종묵 정출헌 황위주

교감표점

오세옥 1958년 충남 대전에서 태어났다. 성신여자대학교 국어교육과를 졸업하고 연세대학교 대학원 국문과에서 석사 학위를 받았다. 민족문화추진회 국역연수원 상임연구부를 졸업하고, 현재 한국고전번역원에 재직 중이다. 《한국문집총간》 해제를 집필하였고, 《승정원일기》《명재유고》《성호전집》 번역에 참여하였다.

김기빈 1957년 전남 광주에서 태어났다. 전남대학교 사학과를 졸업하고, 성균관대학교 대학원 한문학과 박사 과정을 수료하였다. 민족문화추진회 국역연수원 연수부와 국사편찬위원회 국외사료과정(일본어 전공)을 졸업하였고, 현재 한국고전번역원에 재직 중이다. 《한국문집총간》 해제를 집필하였고, 《조선왕조실록》《일성록》《명재유고》《성호전집》 번역에 참여하였다.

사업실무

연구총괄 김진옥 | 연구평가 박재영 | 연구기획 남지만 | 자문 조창래·오규근

校勘標點 社稷署儀軌

오세옥·김기빈

2012년 11월 30일 초판 1쇄 발행 값 30,000원

편집·발행 한국고전번역원 | 등록 2008. 3. 12. 제300-2008-22호
주소 (110-011) 서울시 종로구 구기동 비봉길 1
전화 02-6263-0464 | 팩스 02-394-8803 | 홈페이지 www.itkc.or.kr

책임편집 강옥순 | 편집 박정열·박현애 | 교정 박성희·박현진 | 제작 김형석
디 자 인 황재성 | 인쇄 (주)피알앤북스

ISBN 978-89-284-0159-8 94910
978-89-284-0157-4 (세트)

* 이 책은 2012년도 교육과학기술부 고전번역사업비로 출간한 것임.